信用金庫の地域貢献

関満博・鈴木眞人 編
seki mitsuhiro　suzuki masato

新評論

はじめに

二〇〇〇年を前後する頃から、日本の金融機関の再編が急ピッチで進められている。かつて一三行と言われた都市銀行は、いつの間にか三つのメガバンクとりそなグループに統合されてしまっている。日本の民間金融機関は世界と闘うメガバンクと地域に立脚する地域金融機関に二分されてきつつある。特に、地域の協同組織として歩んできた信用金庫・信用組合は、この金融再編の時代の中で新たな役割を求められているように見える。

振り返るまでもなく、信用金庫・信用組合は一九〇〇（明治三三）年に成立した「産業組合法」を源流とするが、その理念の背景には、①中産以下の人民のために金融の便を開き、②勤倹、自助の精神を興すことであり、③地方の実力の養成、が刻まれていた。戦後は一九四九年制定の「中小企業等協同組合法」にまとめられ、さらに、一九五一年の「信用金庫法」により、現在の形が形成されてきた。そして、その後は大きな経済構造の変化がある度に、議論の俎上に登ったが、それらをくぐり抜け、地域の中小企業、住民を支える協同組織として今日に至っている。

本書の各章で述べるように、各信用金庫の成立の背景には、地域の人びとの深い「思い」が横たわっている。信用金庫・信用組合はまさに地域が育ててきた金融機関ということができる。ただし、近年、合併等が進み、その意義が見えにくくなってきていることも否定できない。巨大化し地方銀行並みの規模になってきた信用金庫もあり、また、利用者も協同組織であることへの理解が乏しいことも少なくない。日本の金融全体が、戦後、土地建物担保主義で歩み、地域金融、中小企業金融の意義が不鮮明になってきたことも、事態をわかりにくいものにしているのではないかと思う。

また、近年の金融再編の中で、クレジット・スコアリングの導入を進める大手行と、地域に深く入っていこうとする地域金融機関のリレーションシップ・バンキングへの分化も話題になっている。大手行は信用リスクの数値化を図り、業務の簡素化、効率化を目指している。他方、信用情報の乏しい中小企業に対しては、長期継続的な人的交流をベースにするリレーションシップ・バンキングが不可欠との認識も深まってきた。ただし、これまで、安易な土地建物担保主義で来たために、地域の信用金庫・信用組合においても、利用者との間で濃密な情報交流がなされていなかったという問題も指摘されている。土地建物担保主義、個人保証絶対主義からの飛躍が求められている現在、地域に根ざす信用金庫・信用組合は、より深く地域に向かっていかなくてはならないのであろう。

このような文脈からすると、地域と信用金庫・信用組合の関係は、改めて問い直されていかなくてはならない。巨大化していく中で地域との関係が希薄化していくならば、その存在意義が問われていく。地域中小企業のため、地域住民のためという原点に立ち戻り、地域を豊かにしていく担い手として、信用金庫・信用組合に期待される点は大きいのである。

振り返るまでもなく、株式会社の銀行はどうしても効率化と利益至上主義で動いていく。脆弱な中小企業は置き去りにされていく可能性も高い。この点、地域の協同組織である信用金庫・信用組合は利益至上主義ではなく、地域貢献が不可欠とされる。銀行が貸せない中小企業を育て、地域を豊かにしていくことが求められている。そのような意味では、「地域貢献」という概念が、いつの時代でも信用金庫・信用組合の立脚点ということになろう。「地域貢献に向かう信用金庫・信用組合」というテーマは、古くて、そして極めて現代的なものなのである。

従来、信用金庫・信用組合の「地域貢献」に関しては、金融を通じてという側面が強かった。だが、地域経済社会の有力な存在である信用金庫・信用組合は金融ばかりでなく、より幅の広い「地域貢献」を求められてきつつある。地域経済社会が「食べること」がテーマであった時代から、より「豊かに暮らす」時代に変わってきた。それを支えるものとして新たな「地域貢献」が求められている。「人の姿の見える地域」を豊かにしていく主要な担い手として信用金庫・信用組合に期待される点は大きい。

このような視点で、全国の信用金庫・信用組合を見ていくと、実に興味深い取り組みが重ねられていることを知ることができる。新規創業支援、若手後継者の育成、展示会の開催、企業交流会の開催、多様な経営支援の提供などのビジネスに近いものから、地域のNPO支援、文化・歴史活動への支援に至るまで、興味深い取り組みが重ねられている。それらはいずれも、地域の豊かさを深めていくための取り組みと言えそうである。信用金庫・信用組合の「地域貢献」も幅が広く、奥行きの深いものに向かっているのであろう。その深みの中から、地域金融機関としての信用金庫・信用組合の存在意義が浮き彫りにされてくるように思う。

以上のような点に注目し、本書は地域金融機関の中でも信用金庫に焦点を当て、現在、どのような「地域貢献」活動を行っているのかを全国の九つの信用金庫の実例から見ていくことにする。北は北海道根室市を拠点とする大地みらい信用金庫から、南は北九州市の福岡ひびき信用金庫まで、その置かれている地域環境はそれぞれだが、いずれも興味深い取り組みを重ねていることを知ることができる。全国約二八〇という信用金庫からすると、わずか九つのケースにしか過ぎないが、これらの活動から地域金融機関としての信用金庫・信用組合の意義と向かうべき方向も読み取れるのではないかと思う。

なお、本書は「地域産業問題」をテーマにしている私たちの二八冊目の共同研究となった。これまで地域金融を取り上げたことはないが、信用金庫の「現場」を訪れ、その取り組みを見ることにより、地域経済社会の主要な担い手であることが痛感された。日本の金融をめぐる状況は大きく変わりつつあり、また、地域経済社会も大きく変わってきた。その時、「地域貢献」を主要命題に取り組む信用金庫・信用組合の役割がさらに高まっていくことはいうまでもない。本書を契機に、地域経済社会と地域金融機関のあり方について、幅の広い議論が重ねられていくことを期待したい。今後の皆様のご指導をいただければ幸いである。

また、今回も多くのケースを取り上げるにあたり、関係する方々から多大な協力をいただいた。十分な内容になっているかは心苦しいが、今後も深くお付き合いさせていただくことでご容赦いただければ幸いである。最後に、本書の編集の労をとっていただいた新評論の山田洋氏、吉住亜矢さんに深く感謝を申し上げたい。まことに有り難うございました。

二〇〇八年四月

関　満博
鈴木眞人

信用金庫の地域貢献／目次

序章　信用金庫の「地域貢献」

関　満博

近年の合併により、その数は大きく減少しているものの、信用金庫は全国の各地域に深く拡がっている。地方の小都市を訪れると、金融機関は地方銀行と信用金庫の支店のみという場合が少なくない。大都市で生活していると、鉄道駅の周りにはほぼかならず都市銀行の支店が展開しているが、全国的にみると、都市銀行の支店がわずか一店だけという県も存在している。島根県や秋田県がそうであり、県都の松江市と秋田市には宝くじを扱っていたみずほ銀行（旧第一勧業銀行）の支店があるのみである。全国の大半の地域では、金融は主として地方銀行、信用金庫・信用組合に委ねられているのである。

特に地方の県では、地方銀行が圧倒的な存在であり、優良企業を惹きつけ、大都市における都市銀行を上回るほどの存在として君臨している。そして、地方の信用力の乏しい中小零細企業にとっては、信用金庫・信用組合が身近な存在として展開しているといってよい。信用金庫・信用組合は草の根の金融機関として地域で重要な役割を演じているのである。

本書全体の序章にあたるこの章では、地域協同金融の意義を振り返り、そして、信用金庫の「地域貢献」の意味を見ていくことから始めたい。

1　地域の中小企業金融の担い手

信用金庫の成立の前史は明治以降、資本が集中し、中小商工業者が困窮、新たな金融の手段が必要とされたことから始まっている。一九九一（明治二四）年には、成立は見なかったものの、内務省は貴族院に「信用組合法案」を提出している。この法案の目的は「中産以下の人民のために金融の便を開いて低利に資本を使用することを得せしめ、兼て勤倹、自助の精神を興し、以って地方の実力を養成せんとする」としている。(1)

その後、一九〇〇（明治三三）年には「産業組合法」が成立し、同法によって信用組合が誕生している。ただし、この信用組合では組合員以外からの預金を受け入れることができず、都市部の商工業者からは制約の大きいものとして受け止められた。そして、一九一七（大正六）年、産業組合法の一部改正が行われ、市街地信用組合が生まれた。これが信用金庫のスタートとも言える。さらに、一九四三（昭和一八）年には、単独法の「市街地信用組合法」が生まれている。

戦後は一九四九年にGHQの指導の下で中小企業等協同組合法が制定され、市街地信用組合は「信用協同組合」となるが、員外利用に制限があったため、当初から問題にされていた。一九五一年にはようやく「信用金庫法」の制定の運びとなり、会員以外からも預金を受け入れることができるという現行の信用金庫に転換していくことになる。なお、現在の信用金庫と信用組合の大きな違いは、信用金庫は員外から預金を預かることはできるが、信用組合は原則として預かることができないというところにある。

信用組合の方が、より協同組合としての性格が強いということであろう。

なお、信用金庫は会員制度による地域の金融機関であり、銀行とは異なる相互扶助組織であり、独特の枠組みを備えている。最大の特質は、営業地域が限定されていることであり、さらに、会員に資格があるという点であろう。会員資格は特定信用金庫の営業地域内に居住するか勤務する人、さらに事業所ということになる。ただし、個人事業者で常時使用する従業員が三〇〇人を超える場合、また、法人事業者で常時使用する従業員が三〇〇人を超え、かつ資本金が九億円を超える場合は会員となることはできない。信用金庫をメインに育った企業が、成長すると卒業していくことになる。あくまでも地域の中小企業金融の担い手として信用金庫が位置づけられることになる。

信用金庫をめぐる諸環境

一九五一年の信用金庫法の制定以来、信用協同組合から信用金庫への転換が進み、改組期限満了の一九五三年六月には、全国で五六一が信用金庫に生まれ変わった。その後、信用金庫の合併が続き、一九六五年には五二四を数えた信用金庫は、一九八五年には四五六、一九九六年には四二一、そして、二〇〇八年二月末には二八二金庫に減少している。特に、この数年の減少は著しい。ほぼ一〇年で一五〇の信用金庫が減少した。

この間、戦後の日本経済は、高度成長、貿易・資本の自由化、ニクソンショック、オイルショック、プラザ合意、バブル経済とその崩壊という歩みを重ねていく。その節目の度に金融のあり方の議論が重ねられ、協同組合金融も俎上に乗せられてきた。特に、世界的な冷戦が終焉し、世界経済の枠組みが根本的に変わったとされる一九八〇年代後半の時期の一九八九年に出された金融制度調査会金融制度第一委員会の『協同組合金融機関のあり方について』という報告は、協同組合金融の意義を明確にしたものとして興味深い。そこでは以下のようにうたわれている。

「信用金庫、信用組合、労働金庫及び農林系統金融機関の現状と独自の性格を明らかにし、その上で今後とも中小企業、農林漁業者、個人等の分野において、円滑な資金の供給等多様な金融サービスの提供を確保することが引き続き重要であり、これらの分野において十分な金融サービスを確保するため、これらの分野を専門とする金融機関の存在はこれからも必要である」としている。

ただし、その後の事態の進展は著しく、二〇〇六年末には、規制改革・民間開放推進会議は、その第三次答申案で、現在の協同組織金融機関（信用金庫・信用組合）について、制度的見直しが必要であるとして、二〇〇七年の秋以降、金融審議会で審議を開始することを求めていった[2]。特に、税制上の優遇措置の再検討、員外取引制限、資金調達手段、ガバナンスなどが焦点とされているようである。

リレーションシップ・バンキングと信用金庫

以上のような流れに加え、信用金庫をめぐっては、もう一つ重要な動きが指摘される。それは近年話題になってきたリレーションシップ・バンキングとの関連であろう[3]。二〇〇三年の金融審議会報告書によれば、リレーションシップ・バンキングとは「金融機関が顧客との間で親密な関係を長く維持することにより顧客に関する情報を蓄積し、この情報を基に貸出等の金融サービスの提供を行うことで展開するビジネスモデル」とされている。

このようなリレーションシップ・バンキングが注目されるようになってきた背景には、近年のＩＴ技術の発展により、財務データ等をベースにする信用リスクの数値化が可能になり、クレジット・スコアリングにより貸出の意思決定をしようとする傾向に対する危惧が横たわっている。事実、大手銀行は業務の機械化、簡素化を目指してクレジット・スコアリングの導入に意欲的である。ただし、中小企業の場合には、定量化が難しい部分が多く、必ずしもクレジット・スコアリングに馴染まない。こうしたことから、地域の中小企業を主要な取引先とする信用金庫などでは、リレーションシップ・バンキングへの取り組みは存立の基本的な条件になっているように思う。

この点、金融審議会が問題にするのは、戦後、日本の金融機関全般が土地建物担保主義、過度な個人保証に依存してきた経緯があり、信用金庫等の地域金融機関が、リレーションシップ・バンキングを基礎づけるモニタリング能力、スクリーニング能力が十分ではないという点であるように思う。事実、地方の信用金庫の職員と意見交換をすると、職員によってこうした点への取り組みに大きな差があることを痛感させられる。担保と個人保証に終始してきた戦後の日本の金融界は、地域の中小企業に対するモニタリング能力、スクリーニング能力を磨く機会を持たなかったのかもしれない。現状では、あくまでも職員個人の資質と問題意識による部分が少なくない。

「地域貢献」に今一歩の踏み込みを

このような状況を突破し、信用金庫が地域のための金融機関であるためには、職員一人ひとりが地域の中小企業の実情を肌で感じ、地域を豊かにしていくものとして取り組んでいくことが不可欠であろう。

そのための明確な理念が「地域貢献」ということであることは言うまでもない。

この点、信用金庫業界が出した「協同組織金融機関の見直し論議に向けた基本方針」の「我々信用金庫は、今後とも、自らの社会的使命として、国の重要な政策課題でもある中小零細企業の育成・再生、地域の活性化に貢献していく決意である。そのためには、現在の協同組織による信用金庫制度を堅持していくことが不可欠である」という宣言は興味深い。

この文面では、「中小零細企業の育成・再生、地域活性化」と「協同組合組織の堅持」の関係がよく分からない。既得権益の維持のようにも見える。むしろ、主張すべきは、成熟化し新たな地域経済社会を形成していくべき状況にあるわが国において、地域の協同組織であるがゆえに大きく「貢献」できるということを、身をもって主張していくことが必要なのではないかと思う。

この点、全国信用金庫協会参与の相川直之氏が指摘するように[4]、「協同組織金融機関はそもそも利益だけで動くことを中心目標にして存在しているわけではない。……事業を展開し、かつ存続させていくためには利益を得ることは必要である。しかし、問題はなんのために利益を出すのか、その利益はどのように使われるのか」なのである。

その利益は、当然に地域を豊かにしていくために使われていくべきであろう。それを「地域貢献」と言い、そのあり方を深く追求していく必要がある。言うまでもなく、信用金庫は協同組織であるがゆえに、大資本に買収されてしまう懸念は少なく、また、総代会がうまく機能すれば、バランスのとれた運営も可能となろう。信用金庫は地域の自立と豊かさを導き出せる金融機関なのである。戦後の六〇年、担保主義と個人保証に終始し、地域にいま一つ踏み込みの足りなかったことを振り返り、改めて地域と共に生きる金融機関として新たな一歩を踏み出していくことが求められている。大手銀行はいつでも「地域」から逃げ出すことはできるが、信用金庫は逃げ出すことはできない。地域の責任ある主体として、地域に深く浸透していくことが求められているのである

2　本書の構成

以上のような点を受けて、本書では全国の信用金庫の中から九つのケースを取り上げ、それらの信用金庫がどのような「地域貢献」に踏み出しているのかを見ていくことにしたい。それらの実践の中から、次の時代に向けての課題が明らかになるであろう。この節では、各ケースで取り上げられる「地域貢献」の意味する所を明示しておくことにする。なお、その場合、取り上げる九のケースを大きく、「小都市を背負う信用金庫」「中都市（県庁所在地）の信用金庫」「大都市の中の信用金庫」の三つに類別し、問題の所在を提示していくことにする。

小都市を背負う信用金庫

人口数万人から一〇万人ほどの地方小都市の場合、都市銀行の支店が立地していることはまずない。地方銀行と信用金庫・信用組合の支店が地域を支えている。特に、中小零細な事業者の場合、信用金庫・信用組合に依存している場合が少なくない。地域産業の下支え役としての意義は極めて大きい。多くのこのような環境下にある信用金庫の場合、以下のケースで見るように、地域活性化、再生に向けて

地道な取り組みを重ねている。少子高齢化を受けた子育て支援、新規創業支援のための取り組み(5)、中小企業の後継者を勇気づけていくための取り組み(6)などが注目される。

第一章の「根釧地域とともに生きる金融機関として」は、日本の最東端である北海道根室市に本拠を置く大地みらい信用金庫のケースを取り上げる。大地みらい信金の営業範囲である北海道根室市、釧路市はかつて遠洋・北洋漁業と石炭産業によって繁栄を謳歌してきた。だが、いずれも難しいものになり、地域の金融機関として地域再生のための新たな取り組みを余儀なくされていく。一九九九年には信金業界では初めてインキュベーション機能を保有する「起業家支援センター」を設置し、さらに、その後、創業支援のみならず、地域中小企業の総合的な経営支援を行うことを目指している。職員も自主的に中小企業診断士の資格を取得し、六人目の資格取得者が誕生しようとしている。「地域とともに生きる信金」として必死の取り組みを重ねているのである。

第二章の「『相互扶助』理念に基づく人材育成」は、日本で最も独立創業がし易いとして注目される岩手県花巻市(7)に本拠を置く花巻信用金庫のケースを取り上げる。花巻信金は店舗数九という小規模な信金だが、岩手県の出先機関である花巻地方振興局の提案を受けて、二〇〇四年九月から塾を開講している(8)。当初は後継者をターゲットにしていたが、現在では企業経営に関心のある人に拡大されている。二〇〇六年度までは県からの補助金が出ていたが、以後は花巻信金の単独事業となった。小さな地域であることから、会員が毎年積み重なっていっており、二〇〇八年三月現在では七三人となった。信金側は黒子に徹し、会員の自主的な運営の下に、講演会、交流会、また、東京感動企業探索の旅などが実施されているのである。

第三章の「せがれ塾の展開と職員の中小企業への出向」は、島根県浜田市に拠点を置く日本海信用金庫のケースを取り上げる。浜田市、江津市等から成る石見地方は、日本の最後尾とされる島根県の中でもさらに厳しい状況に置かれている。人口減少、高齢化、公共事業の縮小に加え、基幹産業であった水産、窯業も厳しく、地域経済再生が死活的な課題となっている。この地域を営業エリアにする日本海信金は「零細企業を丹念にお世話する」という理念を掲げ、地元中小企業の後継者育成を視野に入れた「せがれ塾」を運営している。さらに、信金職員の力量を高めるために、取引先等に出向させるという興味深い取り組みを重ねている。日本海信金はこの「せがれ塾」と「地域企業への出向」を二本柱に、地域の再生、活性化に深く取り組んでいるのである。

第四章の「能登半島地震を乗り越えて」は、石川県七尾市を拠点にするのと共栄信用金庫のケースを取り上げる。二〇〇七年三月二五日、能登半島地震が発生し甚大な被害を及ぼした。これに対し、のと共栄信金は復興支援のための緊急特別融資をはじめ、職員によるボランティア活動を積極的に展開した。これは普段から地域で定期的にボランティア活動をしていることにより、スムーズに行われたと評価されている。また、能登半島は人口減少、高齢化が著しいことから、のと共栄信金は以前から子育て支援に積極的であり、多様なメニューを提供している。さらに、次世代人材育成への関心も深く、中小企業の二世経営者、後継者、経営幹部を対象に三年をかけて育てるという「のとしんビジネスクラブ」を地道に展開しているのである。

中都市（県庁所在地）の信用金庫

地方の県庁所在地ほどの都市になると、一部の都市銀行の支店、さらに地方銀行の本支店、そして、信用金庫・信用組合の本支店が立ち並んでいる。これらの間の競争は激しいものになる。そのため、中都市の信用金庫の場合には、都市銀行、地方銀行とは異なった取り組みが必要とされる。また、近年は合併し、規模の大きくなっている場合が多く、会員の数も多い。先に見た小都市の信用金庫とは一味違ったやや幅の広い取り組みが見られる。会員に対するサービスが交流を軸にビジネスチャンスの創出などに向かったり、地域資源の拡がりが大きいことから、それらを新たに結びつけようとする取り組みも見られる。

第五章の「会員組織を基礎とした地域貢献」は、長野県長野市を拠点にする長野信用金庫のケースを取り上げる。長野県は大半が山間部であり、各平野に一つの信用金庫が展開している。長野信金の営業エリアは北信地域となる。このエリアは高齢化が進んでいることから、個人向け融資の「介護ローン」「シルバーローン」、事業者向けとして「介護関連ニュービジネス支援資金」という地域性を受け止めた独特の金融サービスを提供していることが興味深い。さらに、創業（一九一二年）以来の会員組織である「信用会」をベースに、都会に比べて情報が乏しい点を受け止め、ビジネス・マッチングの機会の創出、次世代経営者の育成にも取り組んでいる。特に六〇〇人をメンバーとする「長野しんきん若手経営者経済研究会」は毎月、セミナー、研修、交流会を実施し、人脈づくりに貢献しているのである。

第六章の「ビジネスマッチングと『産金学・産金官連携』への取り組み」は、岡山県岡山市と玉野市を営業地域とするおかやま信用金庫のケースを取り上げる。この地域は地銀の中国銀行、第二地銀のトマト銀行をはじめ、メガバンク、近隣の地銀も参入する激戦地帯である。現在のおかやま信金は二〇〇〇年に四つの信用金庫が合併して形成された。中規模の信金だが、地域に密着した展開を徹底することにより、地域の中小企業に応えている。特に、地域貢献としては、西日本最大級の企業交流会を開催、また、岡山大学、岡山理科大学、岡山商科大学、岡山県立大学等の県内有力大学と包括的協定、交流協定を結び、地域の産学連携に金融サイドから取り組み、いわば「産『金』学連携」と言うべき取り組みで興味深い成果を上げているのである。

第七章の「研修支援から福祉プロジェクト支援まで」は、愛媛県松山市に拠点を置く愛媛信用金庫のケースを取り上げる。愛媛信金は松山市を中心に一二の市町村を営業エリアにする広域信金として歩んできた。愛媛県もご多分にもれず、人口減少、事業所数の減少に直面している。そのような中で、地域に明るさを取り戻すことを目指して愛媛信金は興味深い活動を重ねている。一つは地域の中小企業の共同の新入社員教育の実施であり、それが発展した個々の中小企業の企業内研修の支援であろう。さらに、このような中小企業を交流させていくビジネス・マッチング・フェアの開催などにつながっていった。もう一つは、そのような地域貢献活動を通じ「福祉」への関心を深め、ユニバーサル社会を目指して就労支援に取り組んでいる地元のＮＰＯにも積極的に関わっているのである。

大都市の中の信用金庫

大都市の場合には、都市銀行、地方銀行、信用金庫・信用組合に加え、政府系金融機関、外資系金融機関に至るまでの多様な金融機関が集積し、苛烈な競争を演じている。ただし、大手行の場合はクレジット・スコアリングの導入などによる業務の効率化、簡素化に努めており、コストのかかる中小零細な事業者へのサービスは十分ではない。また、大都市では豊かなシニアの地域への帰還など、次世代型の新たな地域課題も生まれており、地域金融機関として取り組むべき世界も拡がっている。そのよう意味で、大都市において、地域に立脚している信用金庫は、地域の中小企業を支えるばかりではなく、さらに新たな地域課題に応えるものとして、一歩踏み込んだ取り組みが必要とされているのである。

第八章の「超高齢社会の先進的モデル形成」は、福岡県北九州市に拠点を置く福岡ひびき信用金庫のケース取り上げる。政令指定都市の北九州市の成立により、旧小倉、八幡、門司、戸畑、若松市に展開していた信金を中心に現在の福岡ひびき信金が形成されてきた。旧八幡製鉄所以来の伝統があり、成熟した工業都市ということから、北九州市は超高齢社会に直面している。こうしたことを受け止め、福岡ひびき信金は幅の広い地域貢献、社会貢献の取り組みを重ねてきた。文化活動に関しては「地域行事ボランティア」「サークル活動」を多方面に展開し、さらに、ビジネスに近いところでは「地域振興への貢献」として、早い時期から「福岡ひびき経営大学」「福岡ひびき経営者賞」に取り組んできた。今後は「ひびしん地域密着型金融推進計画」により、さらに一歩踏み込んだ取り組みを進めようとしている。

第九章の「地域文化貢献から、地域ビジネス貢献へ向かう」は、東京の成熟した郊外として知られる多摩地域を基盤にしている多摩信用金庫を取り上げる。この多摩地域は日本の新たな生活様式を先取りしているとされている。(9) そのような中で、この多摩信用金庫は三十数年前から地域貢献に踏み出し、実に多方面にわたる取り組みを積み重ねてきた。「地域貢献」という視点からすると、多摩信の取り組みは地域金融機関としてだけではなく、全産業の中でも日本の最先端にあるといってよい。当初は文化活動から開始し、経験を重ねていく中で、ビジネス部門、さらに、人びとの生活様式にまで踏み込んできた。特に、理事長を先頭に職員が地域の中小企業、NPOなどと密接に交流し、地域の課題をすくい上げ、地域の住民、中小企業と共に興味深い事業として組み立てていることが注目される。

以上のように、全国の各地に展開している信用金庫は、それぞれの地域条件を背景に興味深い取り組みを重ねている。地方小都市の多くでは、信用金庫は地域の中小企業を対象とするほとんど唯一の金融機関として重要な役割を演じている。そのような意味で、「地域金融機関と中小企業」というテーマが最も鋭い形で存在しているのが地方小都市と言えそうである。多くの地方小都市では人口減少、高齢化が著しく、地域経済社会を維持していくためにも、新規創業の支援、既存中小企業の後継者育成などが最大のテーマとなっているようである。地域の崩壊を防ぎ、地域を再生し、活性化させていく担い手として、地方小都市の信用金庫に期待される点は大きい。

県庁所在地級の地方の中都市の場合は、都市銀行、地方銀行、信用金庫・信用組合が重層的に重なり合い、金融機関の幅は広い。それでも、中小零細企業については信用金庫・信用組合に期待される点は少なくない。そして、このクラスの都市の場合、多様な経営資源が拡がっており、それらに目が届く信用金庫がそれらをリンケージしていくところに、新たな役割がありそうである。ビジネス・マッチングや産学官との連携なども、このクラスの都市の信用金庫が取り組んでいくテーマとなっているようである。

大都市の場合には、多様な金融機関が集積していること、また、新たな生活様式が生み出されていることなどから、地域の非営利の金融機関である信用金庫の果たすべき役割はビジネスだけではなく、より幅の広いものになりつつある。さらに大都市の信用金庫は近年、合併により大型化している場合が多いが、大型化による地域との乖離を避けるためにも、一歩踏み込んだ地域貢献が求められているようである。大型化し地域の現場から離れていくならば、非営利の協同組織の意味が問われてくることになろう。むしろ、大都市の信用金庫からは、新たな地域貢献のあり方が創出されていかなくてはならない。

以上のように、各地域の環境条件は異なり、それぞれの地域で取り組んでいかなくてはならない課題は少なくない。いずれの場合においても、地域を支える金融機関であることの意味を振り返り、新たな地域課題を受け止めながら、一歩踏み込んだ取り組みを重ねていくことが求められているのである。

（1）この間の事情については、平山恵三「事業目的ゆえの協同組織」（安田原三・相川直之・笹原昭五編『いまなぜ信金信組か』日本経済評論社、二〇〇七年）が詳しい。

（2）このあたりの事情と、関係各部門の受け止め方については、安田他、前掲書、を参照されたい。

（3）リレーションシップ・バンキングと地域金融に関しての包括的な議論は、張暁玫「中小企業金融におけるリレーションシップバンキングの役割」（『一橋論叢』第一三二巻第六号、二〇〇四年）、筒井義郎・植松修一編『リレーションシップ・バンキングと地域金融』日本経済新聞社、二〇〇七年、が有益である。

（4）相川直之「協同組織金融機関のこれからの役割」（安田他、前掲書）。

（5）新規創業支援に関しては、関満博・関幸子編『インキュベータとSOHO』新評論、二〇〇五年、を参照されたい。

（6）中小企業の後継者育成については、関満博『現場主義の人材育成法』ちくま新書、二〇〇五年、関満博『二代目経営塾』日経BP社、二〇〇六年、関満博編『地域産業振興の人材育成塾』新評論、二〇〇七年、を参照されたい。

(7) 岩手県花巻市をめぐる産業、企業の状況については、佐藤利雄「インキュベータの運営ノウハウ——花巻市起業化支援センターの取り組み」(関・関編『インキュベータとSOHO』新評論)を参照されたい。

(8) 本書で取り上げる以外に、信金による後継者塾のケースとしては帯広信用金庫のケースが注目される。帯広信用金庫のケースは、石井博樹「おびしん地域経営塾」(関、前掲『地域産業振興の人材育成塾』)を参照されたい。

(9) 東京多摩地域の産業、企業の状況については、関満博『現代ハイテク地域産業論』新評論、一九九三年、を参照されたい。

I　小都市を背負う信用金庫

第一章　根釧地域とともに生きる金融機関として
——大地みらい信用金庫（北海道根室市）

西村俊輔

　大地みらい信用金庫（北海道根室市）は、北海道東部に位置する根室支庁管内（一市四村）と釧路支庁管内（一市六町一村）の二管内を事業領域とする信用金庫である。当金庫は、前身の根室信用金庫時代、当時の信金業界では初の試みとなる、組織内インキュベーション機関「起業家支援センター」を釧路支店に開設した。変わりゆく経済環境の中で、地域経済の衰退ペースが他地域に比べ速かった分、「地域と共に生きる信用金庫」としての自覚と情熱が、他信金よりも早く取り組まれ、具体的な活動へと展開していったのである。本章では、この起業家支援センターの取り組みを紹介すると共に、根室における根室産業クラスター創造研究会の活動にも一部焦点を当て、当金庫が当地域において果たしてきた役割を見つめていきたい。

1　根釧地域の今

札幌圏一極集中の北海道経済

　バブル崩壊後の失われた十年を超え、日本経済は今、かつての「いざなぎ景気」を超える戦後最長の景気回復局面に身を置いている。しかし、現在の景気回復は、旺盛な外需に支えられた輸出向け製造業

図１―１　北海道支庁全図

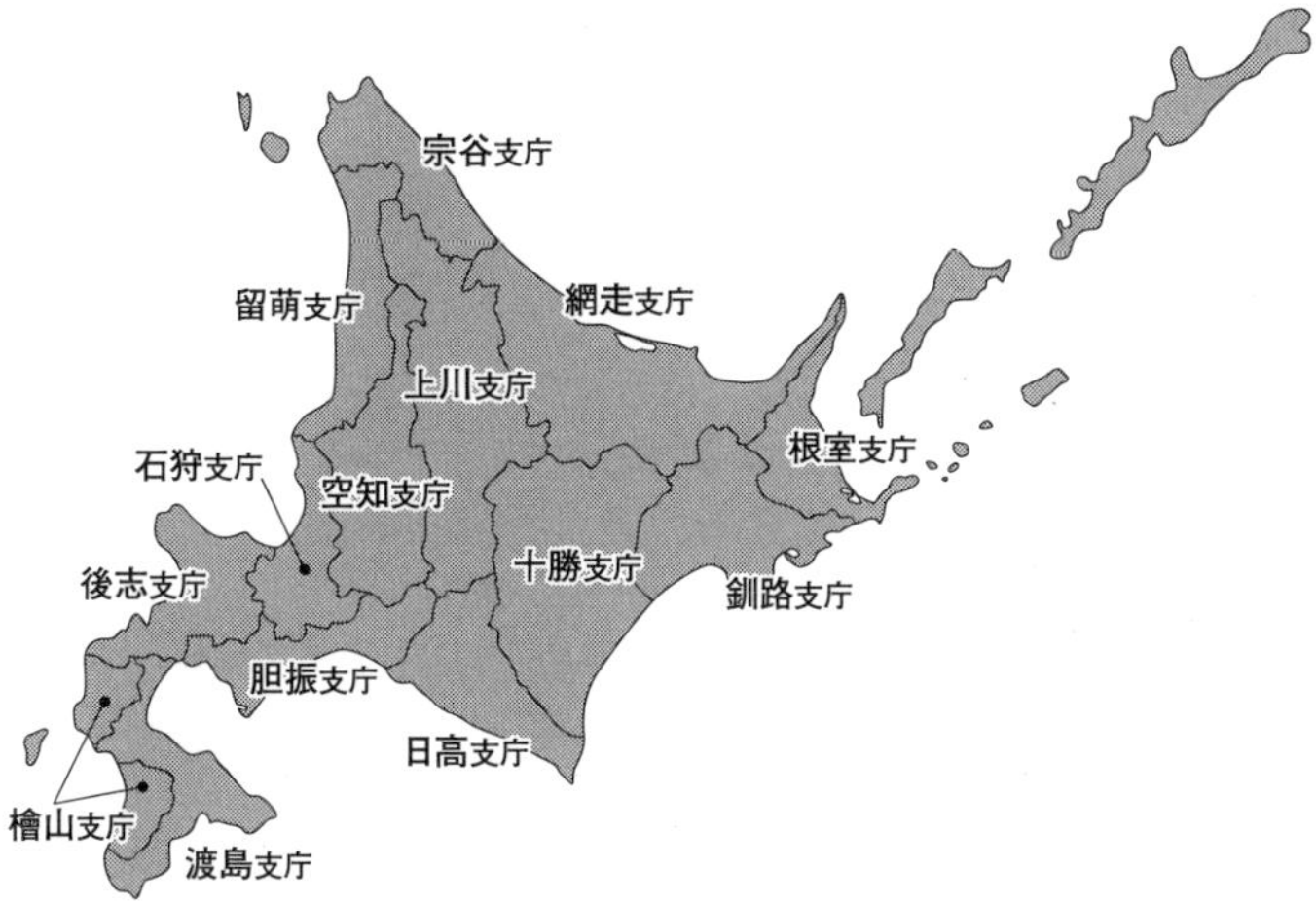

の躍進によるところが大きく、このような製造業の弱い地域では今もなお、産業の縮小、企業の倒産、雇用の低迷が絶えず、そこに住む人びとや企業は景気回復を実感できないでいる。

北海道経済は、二〇〇二年に底入れした後、緩やかな回復基調を続けているが、建設業の割合が高く公需に依存した二次産業は依然マイナス成長が続き、一次産業、三次産業が辛うじて全体の成長を支えている状況にある。近年は、苫小牧・千歳を中心とする道央地域において、トヨタグループ企業の工場新増設が相次ぐなど一部地域では明るい兆しが見られるが、それ以外の地域では、依然観光産業を全面に押し出すことで小規模な外貨獲得を行うに留まっている。雇用も低迷し、二〇〇六年度の北海道有効求人倍率は〇・五九倍（一九九九年の〇・四三から〇・一六の上昇）と、絶対値・伸び率ともに全国最下層のレベルとなっている。

若者は職を求めて札幌圏へ流出し、経済の札幌圏一極集中が顕著になっている。北海道の総人口は、一九

図１―２　実質経済成長率の推移

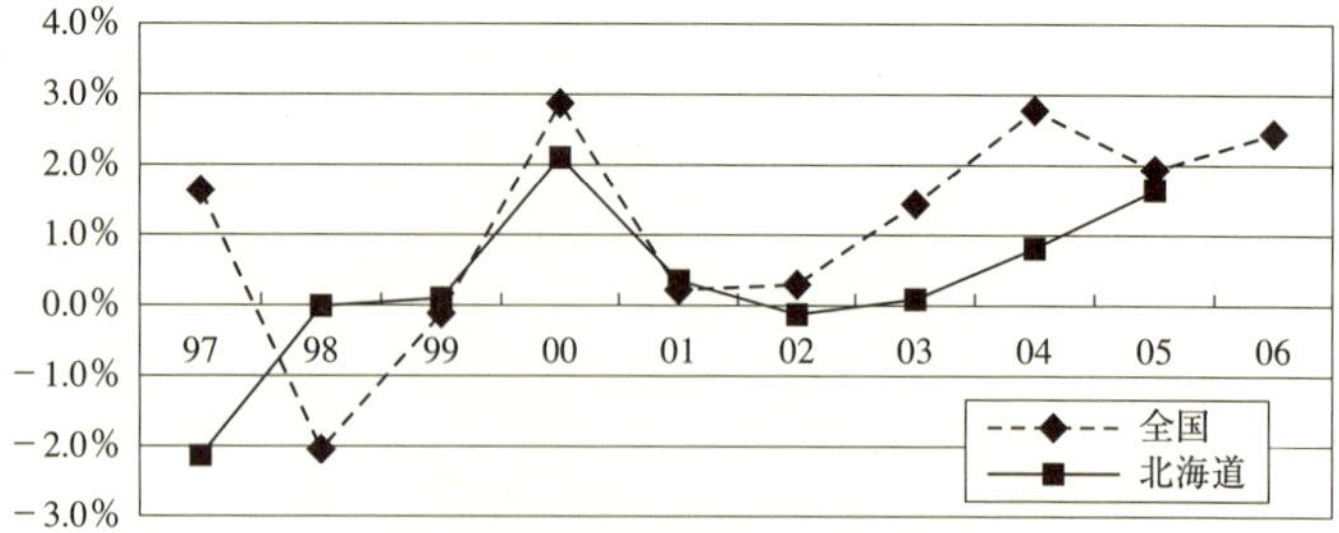

資料：内閣府ホームページより作成

図１―３　北海道　産業分類別実質経済成長率の推移

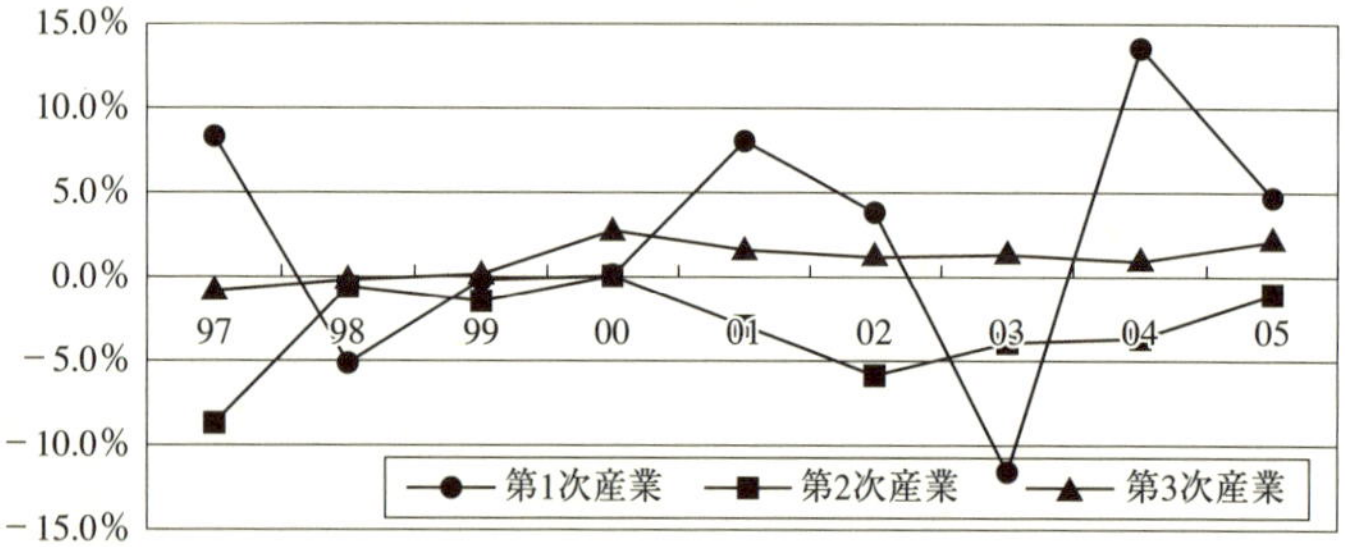

資料：内閣府ホームページより作成

八〇年の五五七六千人から五六二八千人とほぼ変わっていないものの、札幌市の人口は同期間で三四%の増加となっており、いかに札幌に集中しているかが見て取れる。

　最近の札幌市は、中心部から郊外に至る各地でマンション建設が相次ぎ、地価や賃料も上昇基調にある一方、時代に取り残された条件不利地域は、産業の縮小、人口の絶え間ない流出、資本の流出を背景に、明るい光を見いだすことができないでいる。京浜・中京地区への資本・人材の集中が進むわが国地域経済の縮図といえる状況が、北海道経済ではこの札幌一極集中という形で表面化しつつある。

基幹産業が縮小する根釧地域

根室管内と釧路管内の二管内を合わせた地域一帯は、それぞれの頭文字をとって「根釧《こんせん》地域」と呼ばれることが多い。日本最東のこの地は、かつて戦災により多大な被害を受けたが、戦後、その恵まれた自然環境と地の利を活かし、水産・石炭・紙パルプという三大基幹産業を築き、急速な経済発展を遂げた。中でも水産業においては、根室港、釧路港という二大漁港を擁し、北日本における遠洋・北洋漁業の重要拠点として、長きにわたり漁獲水揚げ量日本一の座を維持し、当地域の基幹産業としての地位を確立していた。

しかし、昭和末期以降、米ソによる二〇〇海里漁業専管水域設定に始まる一連の出漁規制により、水産業が急速に縮小に向かっていく。また、戦前から戦後復興期にかけ繁栄を極めた石炭産業においても、一連のエネルギー革命の中で次第に縮小し、二〇〇二年における太平洋炭坑の閉山を機に大幅な減産を余儀なくされ、多くの失業者を生み出した。

根釧地域の事業所数は大きく減少、労働力の多くが札幌圏へ流出し、同地域の人口は、一九八〇年の四〇万六〇〇〇人から二〇〇五年には三四万六〇〇〇人に減少した（▲一五％）。国立社会保障・人口問題研究所の推計では、二〇三〇年には今から約二四％減の二七万六〇〇

表1—1　地域別有効求人倍率の推移

区分	1999年度	2006年度	増減
北海道	0.43	0.59	0.16
東北	0.50	0.78	0.28
南関東	0.42	1.22	0.80
北関東・甲信	0.70	1.20	0.50
北陸	0.60	1.23	0.63
東海	0.62	1.58	0.96
近畿	0.40	1.10	0.70
中国	0.64	1.18	0.54
四国	0.61	0.90	0.29
九州	0.40	0.74	0.34
全国	0.49	1.06	0.57

資料：厚生労働省HP（http://www.mhlw.go.jp/）
注：数値は年度（4月～3月）平均

〇人にまで減少する見通しとなっている他、総人口に占める六五歳以上の人口割合を示す高齢化率も、二〇〇〇年三月末では北海道平均並だが、二〇三〇年には三五・五％と道内平均三三・六％を上回る推計であり、人口減少・少子高齢化がとめどなく進んでいく見込みにある。

また、二〇〇五年に経済産業省がまとめた「人口減少下における地域経営について～二〇三〇年の地域経済のシミュレーション～」によれば、根釧地域の域内総生産は二〇〇〇年の一兆三七四八億円から二〇三〇年には一三％減の一兆一九一三億円にまで縮小していくとの見方が示されている。

根釧地域経済は、国際的な経済環境が変化する中で、徐々にその地域の力を減退させている。根室の街、釧路の街を歩くと、日中からシャッターの降りた商店が多く、人通りが少ない。特に釧路市では二〇〇六年八月、道東地域で数少ない地方百貨店であり、まちの中心部に賑わいを生んでいた丸井今井釧路店が閉鎖され、一層地域の活力が失われつつある。

2　大地みらい信用金庫

根室信金・厚岸信金の戦略的対等合併

大地みらい信金は、このような根釧地域を営業エリアとする信金である。当金庫は、道内金融界が北海道拓殖銀行（拓銀）の破綻（一九九七年）のショックから立ち直りつつあった二〇〇一年三月、旧根室信用金庫（一九一六年設立）と旧厚岸信用金庫（一九三八年設立）の合併により誕生した。

当時の国内金融界は、一九九八年における早期是正措置導入、二〇〇二年四月のペイオフ解禁に象徴される日本版金融ビッグバンの最中にあり、メガバンクは四グループに集約され、道内においては、当時資金量では道内一位の北洋銀行と同三位の札幌銀行が北洋・札幌ホールディングスを発足させるなど、各銀行は相次いで体力増強を図っていた。しかしその一方で、信金による合併・連携は銀行ほどには進んでおらず、道内では拓銀破綻前の一九九六年に北海信金と岩内信金が合併したのを最後に途絶えていた。

写真１―１　大地みらい信用金庫釧路支店

　そのような中、根室・厚岸による合併は道内では実に四年ぶり、拓銀破綻後では初の合併であった。また当該合併は、体力のある信金が体力に劣る信金を吸収するような救済目的の合併ではなく、競争時代に備えた戦略的かつ積極的合併であったという点で道内初のケースでもあった（合併直前のそれぞれの自己資本比率は、根室信金一五・二％、厚岸信金一〇・一％と、国内基準の四％を越えていた）。

　当時の厚岸信金の金沢勲理事長は、「金融自由化で地方の信金が生き延びるのは難しくなる。体力があるうちに合併を」として、同じ志を抱いていた当時の根室信金理事長の北村信人氏（当金庫、現、理事長）とともに、対等合併を実現させた。この合併を機に道内信金業界では、二〇〇一年には北海信金が道央・夕張信金と、二〇〇二年には旭川信金が富良野信金と合併する等、相次いで戦略的合併の動きが活発化した。当時の国内金融界に比して危機感の芽生えが遅れていた道内信金界において、当金庫の合併が与えたインパクトは大きかった。

大地みらい信金の道内の位置

ここで大地みらい信金のデータを少し紹介しよう。店舗数は、二〇〇七年三月末時点で、根室管内に九店舗、釧路管内に一二店舗の計二一店舗、会員数は一万八六九三人、預金積金残高は二六二〇億円、貸出金一二六八億円という状況である。道東地域に本店を置く七信金との比較では、預金積金残高では帯広信金（五四五六億円）、北見信金（二九五四億円）に次ぐ第三位、貸出金残高では帯広信金（三六九六億円）、北見信金（一四四七億円）、遠軽信金（一二八二億円）に次ぐ第四位、預貸率では第五位の位置にある。

店舗数では釧路管内の方が多いが、地域における預金シェアは、根室管内六〇％、釧路管内一四・七％、貸出金シェアでは根室管内五七・八％、釧路管内が一一・五％と、預貸ともに根室管内におけるシェアが多くを占める。近年は、預貸金額ではともに緩やかな増加傾向にあるが、預貸率の点では四六％～五〇％の間を上下しており、地域内での運用が今ひとつ伸び悩んでいる。地域経済の今後に明るい兆しが見えない中、「根釧地域とともに生きる信用金庫」として、当金庫の中には、「何かをやらなければ」という思いが日増しに強くなっていった。

表１―２　北海道の金融機関一覧

区分			本店所在地	店舗数	預金積金（億円）	貸出金（億円）	預貸率（％）	自己資本比率（％）
地方銀行								
	北海道銀行		札幌市	134	35,172	26,929	76.6%	9.91%
第二地方銀行								
	北洋銀行		札幌市	168	53,835	39,450	73.3%	10.11%
	札幌銀行		札幌市	65	8,660	6,729	77.7%	10.44%
信用金庫								
	道央圏			237	23,882	13,418	56.2%	
		札幌	札幌市	36	3,933	2,704	68.8%	15.61%
		室蘭	室蘭市	27	3,138	1,667	53.1%	21.86%
		空知	岩見沢市	25	2,840	1,398	49.2%	14.55%
		苫小牧	苫小牧市	30	3,256	1,881	57.8%	23.91%
		北門	滝川市	28	2,328	1,160	49.8%	18.89%
		伊達※	伊達市	14	1,381	670	48.5%	11.47%
		北空知	深川市	12	847	380	44.9%	11.78%
		日高	浦河郡浦河町	10	973	491	50.5%	34.67%
		小樽	小樽市	18	1,270	661	52.0%	11.65%
		北海	余市郡余市町	37	3,916	2,406	61.4%	15.32%
	道北圏							
		旭川	旭川市	42	6,483	3,563	55.0%	15.91%
		稚内	稚内市	23	3,292	843	25.6%	57.03%
		留萌	留萌市	18	1,559	913	58.6%	15.52%
		北星	名寄市	22	2,019	895	44.3%	
	道南圏							
		函館	函館市	14	1,226	751	61.3%	7.91%
		渡島	茅部郡森町	15	1,148	726	63.2%	13.19%
		江差	桧山郡江差町	10	1,344	750	55.8%	21.83%
	道東圏							
		帯広	帯広市	35	5,456	3,696	67.7%	17.33%
		釧路	釧路市	19	1,690	977	57.8%	10.91%
		大地みらい	根室市	21	2,620	1,267	48.4%	22.95%
		北見	北見市	22	2,954	1,447	49.0%	23.84%
		網走	網走市	20	2,084	923	44.3%	25.68%
		紋別	紋別市	14	1,212	511	42.2%	14.51%
		遠軽	遠軽群遠軽町	22	2,165	1,282	59.2%	14.57%
信用組合								
	北央		札幌市	38	1,769	1,043	59.0%	7.44%
	札幌中央		札幌市	16	916	627	68.4%	6.85%
	ウリ		札幌市	9	992	634	63.9%	8.24%
	函館商工		函館市	7	258	168	65.1%	6.16%
	空知商工		美唄市	17	797	414	51.9%	9.74%
	室蘭商工※		室蘭市	10	429	177	41.3%	5.37%
	十勝		帯広市	8	417	287	68.8%	9.16%
	釧路		釧路市	22	1,087	716	65.9%	7.18%

資料：金融庁ホームページより抜粋（www.fsa.go.jp/policy/chusho）
注：①各数値は 2007 年 3 月末時点のデータ（北星信金のみ統合後のデータ）。
　②2007／10 に統合した北星信金の自己資本比率はデータ入手不可のため空欄としている。
　③伊達信金と室蘭商工組合は 2008／1 に統合しているが、データが把握できないため、それぞれ統合前の数値を記載している。

3　起業家支援センターの取り組み

当金庫が一九九九年四月に開設した起業家支援センターは、地域における新規創業支援、アーリーステージにある事業者の経営支援、さらには既存事業者に対する経営改善指導を行うことを目的にしたインキュベーション機関である。センターには、中小企業診断士や社会保険労務士等の専門資格を持つ当金庫職員が所属し、地域住民および既存取引先の抱える悩みについて、ともに解決に向かって考えている。

センターの立ち上げ当初は、個人ベースでの飲食店の開業やIT関連企業の創業支援などを行っていたが、その後、既往取引先の事業多角化や経営改革などに対するアドバイザリー業務を加え、サービス内容を充実させていく。その後、新規創業が失敗に至るケースも散見されるようになってきたこともあり、二〇〇二年からは、審査グループと起業化支援センターの連携により、道内信金業界内では初となる第二創業支援機関「リ・スタート支援チーム」を発足させた。

新規の創業支援ばかりでなく、貸出先の経営悪化を防止する目的で、従来の金融機関の専門分野である財務面のみならず、マーケティングや技術等それ以外の経営内容について、総合的な経営支援を行うことを目的としている。中小企業診断士の持つ総合的な経営ノウハウと、審査セクションの持つ財務分析能力を融合させ、経営再建計画の策定を共に行い、経営者の抱える多くの課題解決に貢献している。

二〇〇五年度、二〇〇六年度の二年間で、二一一店舗の顧客のうち計一一七の顧客に対し具体的な経営改善にあたり、このうち二三％にあたる二七社が債務者区分のランクアップに至っている。今では年に九〇件近くの相談が持ちかけられ、徐々に地域でもその存在が浸透している。なお、この活動は、二〇〇二年、社団法人全国信用金庫協会の信用金庫社会貢献賞「地域再生しんきん運動・優秀賞」に選ばれている。

ここで、近年当センターが取り組んだ事例を紹介したい。

ケース1　介護福祉事業（Aさん）

Aさんは、介護関係仕事に従事して十年以上の経験をもっていた。開業の直前は、介護事業大手の管理職として地域の関連事業所の営業統括を行う立場であった。しかし、勤務先が介護事業から撤退し他社へ事業譲渡を行うことになった。従業員の雇用継続は確保されていたが、これを機会に独立開業を考え、周囲に相談し決断した。

前の勤務先では事業所新設手続き等の実務を経験していたため、役所関係の手続き等には自信があった。開業に必要な資金は自己資金を含めて二〇〇〇万円程度必要と計算され、不足資金調達のため知人の紹介で当センターを訪れた。

開業分野が一般的な訪問介護ではなく、地域ではサービス提供量の少ない特殊な分野であり、その分野ではそれ以前、勤務先など限られた事業者のみが対応しており、新規参入には不安があった。センターの協力により営業区域内の市場規模調査を実施し、それを元に事業計画が作成された。

特殊な機材の調達が必要であること、新規参入事業者のためメーカーやリース会社への実績は皆無のため、信用金庫からの融資への依存度が大きくなった。また、特殊作業があるため熟練度の高いスタッフの確保が必要であるが、介護従事者の厳しい労働環境から人材確保に苦労をしたが、信用金庫の紹介した社会保険労務士の協力により労務環境の整備も順調に進行し、雇用関係の補助金の活用も可能となった。

以上により、晴れてA氏は二〇〇七年一二月、介護福祉事業会社（七人）を開業するに至った。

ケース2　フランス料理店開業（F氏）

F氏は、地元の第三セクターの運営するレストランに勤務していた。可能な限り地元の食材を使用したメニューの開発や、あまり知られていない食材の発掘などを心がけながら、三〇歳までは自分の店を開店させたいと考えていた。

そのような中、北海道が実施した起業プランコンテストを知り、自分のイメージする新しいコンセプトのレストランプランを描き応募したところ、見事に合格し助成金を得ることに成功した。同氏はこの機会を活かし、独立開業を決意し準備に入る。北海道から派遣されたアドバイザーと共に事業計画書を作成しつつ、同時進行で、当金庫起業家支援センターに資金調達面での相談に赴いた。アドバイザーと当センターはこれまでも連携して取り組んだ実績があり、本件についても十分な支援体制を作った。

事業計画を具体化するためには、自己資金と助成金以外に想像以上の資金が必要になったが、様々な工夫と本人のポテンシャルを評価し、資金準備が整った。この決め手になったのは、センターの調査でF氏の周辺の評価が人間的や技術的に高いものがあり、既往のセンター利用者で事業を軌道にのせた取引先より、「公共施設の食堂を、客の呼べるフランス料理店へ変貌させたのはF氏の技量」との言葉もあったためであった。

資金の準備ができ、F氏は二〇〇八年三月、晴れて市内にフランス料理店（従業員三人）開業を実現させたのであった。

写真1—2　起業家支援センター長　辻昌一理事

一人での船出

辻昌一センター長は、根室信金勤務時代を含め当金庫に三〇年勤め、そのうち二〇年を釧路支店で過ごしてきた。センターがまだ出来る前の一九九六年、北村理事長の命を受け、中小企業診断士の資格を取得し、小規模ながら創業支援活動をスタートさせた。

今でこそ、信金によるこういった形の地域密着型サービスは、全国の多くの地域で実践されているが、当金庫が活動をスタートさせた頃は、世の中にまだ前例と言えるものもなかった。設立時からセンター長を務める辻昌一理事は、設立当時を次のように振り返る。

「当時から、地域金融機関として何か地域に貢献をしなければという思いは、全国各地の信金にありました。しかし、『地域貢献』とは言っても具体的に何ができるのか。実践に移されたケースはありませんでした」。

当センターの活動は、国内の信金業界では草分け的存在となり、徐々に各信金の間に広まっていった。全国信用金庫協会がリレーションシップ・バンキングの検討ワーキンググループを設置した際、辻氏は当センターの取り組みを、当グループで発表し、リレバンの一つのモデル形成に貴重な役割を果たしている。

センターの活動を立ち上げ、進展させていく中では困難も伴った。それは、「知識の欠如」であった。信用金庫に限らず、金融機関は、様々な業種の会社を相手に仕事をしている。与信にあたっては、当然それぞれの業界に関する知識を備えておかなくてはならない。法律の知識も、経済学の知識もまた然りである。しかし、一般的に企業から融資相談を持ちかけられる場合というのは、顧客側で相当程度に事業計画が固まり、投資計画が固まった段階でのケースが殆どである。

顧客側に何も具体的な計画がなく、「こういうことをやってみたい」という構想だけで相談を持ちかけられた場合、多少のアドバイスはしても、事業計画の策定等の初期段階から深く関与することは少ない。しかし、インキュベーション機関である当センターへの相談内容は、まさにその構想段階、あるいは「とりあえず何かやってみたい」といったような段階の顧客が相手である。その段階からともに考え、顧客の「ぼやっとした」思いを事業化に向けて形作っていくのである。これには、従来の与信業務で培ってきた知識のみでは対応が難しかった。案件一つひとつが未知の領域であった。こちらには金融のノウハウはあるが、一つひとつの業界についての深い知識は乏しい。自力で勉強してついていこうにも、相手はその道のプロであり到底及ばなかった。

しかし辻氏はある時から、発想の転換を行った。

「逆に相談者に質問をたくさんぶつけてみたんです。すると、その知識を容易く手に入れられるだけでないメリットがあることに気づきました。こちらの『知りたい』という思いが相手にも伝わり、不思議と信頼関係が生まれていきました」。

従来の金融仲介機能を行っていた時代は、どこかに「相談者＝債務者＝助けられる人、被相談者＝債権者＝助ける人」という構図が見え隠れしていたように思う。しかし、インキュベーションの業務では、二者の間には、従来の債権者・債務者という関係ではなく、事業をゼロから協力して進めていくパートナーとしての意味合いが横たわっている。「相談者＝被相談者」という対等の関係が成り立つのであろう。辻氏は、数多くの現場を経験し、お互いに知らないことを補い合い、ともに事業化に向かって前進していくことの重要性と価値を見出したのであった。

この学びは、辻氏から、新しくセンターに仲間入りをする職員にも受け継がれている。当初は二人体制であったセンターも、この間、二〇歳代から五〇歳代までの世代の職員が自主的に診断士の資格を取得し、間もなく六人目の診断士が誕生しようとしている。設置する店も、当初は釧路支店だけであったが、根室管内の支店にも常駐職員を置き、より広範囲にわたった活動に発展している。

起業家支援センターの取り組みは、失敗事例もあるものの、確実に根釧地域における実績を積み重ねている。また、同時に当金庫に働く職員も、顧客とのリレーションの作り方において、これまでには得られなかった新たな形を見出し、信用金庫マンとしての幅広さを身につけていった。まさに、当金庫は今、地域と共に「成長」していこうとしているのである。

根室産業クラスター創造研究会

さて、以上に見てきた起業家支援センターの取り組みは、開始当初は釧路支店のみでの活動であったのだが、実はこれとほぼ同時期から、当金庫の主力営業エリアである根室地域においても注目すべき地域貢献活動が展開されてきた。ここでは、当金庫の主導により、一九九九年三月に創設された「根室産業クラスター創造研究会」の取り組みを紹介する。

根室産業クラスター創造研究会は、根室地域の基幹産業である水産業の衰退が危惧される中、地域の資源、そして長年かけて地域で培われてきた水産分野でのノウハウを、再度経済活性化に活かすことが出来ないかという思いから、当金庫を中心に設立された研究会である。設立以来、研究会の代表に北村理事長が就き、次に紹介する各ワーキンググループにおいても当金庫職員が中心となっている他、研究会の活動資金として毎年一五〇万円が当金庫から寄贈されている。ここでは、当研究会の様々な経済・社会的取り組みのうち、「タラソテラピー研究活動」「海洋生物付着防止に関する研究活動」「牧場の多面的機能検討会活動『根室フットパスウォーク』」の三つの取り組みを簡単に紹介する。

タラソテラピー研究活動

「タラソテラピー」とは、日本語で「海洋療法」と訳され、海辺に滞在し、その景観を楽しみながら、海洋気候のもとで海水、海藻、海泥を用いたさまざまな療法を行うという自然療法である。一八九七年にフランスで確立され、慢性病治療、リハビリテーション、予防医学（ストレス解消やリラクゼーション）の他、体の老廃物除去や新陳代謝促進等の効用を持つことからエステティックサロンやホームケア等の美容分野においても利用されている。

当金庫は二〇〇〇年、このタラソテラピーにヒントを得、根室地域の海洋資源を活用した根室版タラソテラピー事業を考案した。二〇〇一年には、雑海藻と魚肉を使ったドレッシングを開発し、二〇〇二年にはアツバ昆布を粉末状にし、サンマの魚醤を合わせてペースト状にして、天日干しの塩を混ぜ込んで造った昆布塩を開発した。昆布塩は市内企業により製品化され、今では楽天等のネットでも気軽に手に入るまでに定着している。また、同年には、北海道大学や釧路水産試験場とともに、未利用海藻を原料とした化粧品機能の共同調査研究を行い、ローションとクリームの基礎化粧品の試作に成功している。

産業の縮小により存在感が薄れつつあった地域の資源を、これまでとは異なる視点で見つめ直し、地元の様々な関係者が連携し、外貨獲得に向けた一体感のある活動として展開されている。

海洋生物付着防止の研究

二つ目の「海洋生物付着防止に関する研究活動」は、海洋環境悪化阻止という目的を出発点とした新産業創出活動である。船舶の船底や漁網には、藻やフジツボが付着しないよう毒性を持った防汚塗料が使用されており、海洋環境への影響が世界的に懸念されている。この課題は当然根室地域にとっても、主力産業の持続的な発展を考える上で無視できないものであった。そこで、この課題解決と省エネ素材を研究テーマとして、当金庫職員が中心となり、北海道大学等五つの研究機関と共同で、環境に負荷の少ない新たな防腐剤の研究開発を実施している。二〇〇五年からは、独立行政法人科学技術振興機構か

写真1—3　フットパスウォークの牧場

らの受託研究事業として、三年間で一億二四〇〇万円の予算の下で研究を進めており、本格的な開発および事業化への注力を行おうとしている。これにより、根室において競争力を持つ新産業を生み出し、外貨獲得、また根室から札幌圏等へ進学した学生のUターン就職のインセンティブとなること等が期待されている。

根室フットパスウォーク

三つ目の「牧場の多面的機能検討会活動『根室フットパスウォーク』」とは、社会ボランティア的な性質の強い地域貢献活動である。「フットパス」とは、イギリスで生まれた文化活動であり、牧場、海岸、森林、市街地などに張り巡らす遊歩道のことで、この遊歩道をゆっくり歩きながら、移ろいゆく風景を楽しもうという活動である。

根室フットパスとは、このイギリス発祥の「フットパス」を、自然豊かな根室で実現させようと、根室市厚床地域の酪農家集団ＡＢ‐ＭＯＢＩＴ（エービーモビット）事務局が発案し、始まった取り組みである。当金庫からも職員が個人的にこの検討会に参加し様々なイベントの企画立案に加わっている他、この活動を応援する意味で、二〇〇五年から毎年「根室フットパスウォーク」を主催している。

市民は、根室の持つ豊かな自然を歩行コースとして歩き、自らの住む地域がいかに魅力的な環境を有するかを再認識しているのである。昨年予定されていた第三回フットパスウォークは残念ながら台風により中止になってしまったようだが、これまで二回の開催実績があり、回を重ねるにつれ確実に参加者数を増やしている。

以上のように、当金庫は、自らのホームグラウンドである根室地域においても、経済的・社会的に幅広い地域貢献活動を行ってきた。決して規模は大きくないものの、根室地域の隠れた力・魅力を、地道にしかし着実に、地域発展の希望へと発展させようとしているのである。

4 「根釧地域とともに生きる信用金庫」として

ここで、当金庫の三つの基本方針を紹介しておきたい。

1．地域の皆様の信頼におこたえしながら、「信頼度ベストバンク」を目指します。
2．専門的ノウハウと、気軽にたよれる相談能力をかねそなえた人材を育成し、地域の発展に貢献します。
3．時代の先を読み、チャレンジ精神で行動するチームワークを養い、お客様本位の実力主義集団をめざします。

根室信金時代を含めれば実に十年以上当金庫の理事長を務める北村理事長は、合併により新金庫が誕生する際、それまでには明文化されていなかった思いを、新金庫の基本方針に取り入れた。それは、二つ目に掲げられた「専門的ノウハウと、気軽にたよれる相談能力をかねそなえた人材を育成し、地域の発展に貢献します」という部分である。

時代が変化し、他地域に比べいち早く衰退が始まった根釧地域に身を置く中で、北村理事長は「根釧地域と共に生きる信用金庫として出来ることは何か」という問いを、金融ビッグバンよりも、さらに、拓銀の破綻よりもずっと以前から、常に自分自身に投げかけていた。そして、その一つの形として、職員一人ひとりが、幅広い能力を身に着け、地域の事業の芽を育てられるような人材に育てることが必要と考えた。「起業家支援センター」は、まさに理事長のそうした思いが具現化されたものである。「根釧地域と共に生きる金融機関」としての自覚と情熱が、自然と当金庫の中に産まれたのであろう。

地域の「今」を憂慮し、「未来」を考える役割は、これまで自治体が主導で担ってきたように思う。しかし、未曾有の人口減少時代が到来し、地方自治体の財政は緊縮傾向にある。今後彼らに、これまで同様の充実したサービスを期待するのは難しい。そのような時代において、営業エリアが特定の地域に限られ、地域経済の盛衰と運命を共にする信用金庫は、自治体以外で地域の未来を長期的かつ鳥瞰的に考えることのできる貴重な存在であるといえよう。その意味で、信金が今後日本の各地域において果たしていく役割は、一層重要になっていくであろう。

自治体、民間事業会社、市民という、根釧地域における様々な関係者とつながる大地みらい信用金庫には、この先も、根釧地域に対する愛情を絶やすことなく活動を持続・発展させ、根釧地域に元気と希望を与えていって欲しいと願う。

【参考文献】
●『釧路市史（経済・産業編）』一九九五年
●国勢調査（一九八〇～二〇〇五年）
●『釧路市統計書二〇〇五年度版』二〇〇七年
●『根室市統計書二〇〇五年度版』二〇〇七年
●『釧路経済統計年報二〇〇五年度版』二〇〇六年
●信金中央金庫『全国信用金庫概況二〇〇五年版』二〇〇六年
●国立社会保障・人口問題研究所ＨＰ
●「人口減少下における地域経営について～二〇三〇年の地域経済のシミュレーション～」（経済産業省ＨＰより）
●大地みらい信用金庫二〇〇七年ディスクロージャー誌
●酪農家集団ＡＢ‐ＭＯＢＩＴ事務局ホームページ

［付記］大地みらい信用金庫辻センター長には、年度末の大変ご多用の中にも関わらず、本稿執筆に関わるインタビューや事例提供等に多大なご協力を頂戴した。記して感謝申し上げたい。

第二章　「相互扶助」理念に基づく人材育成
——花巻信用金庫（岩手県花巻市）

堀　圭介

岩手県花巻市は人口約一〇万五〇〇〇人の地方都市であるが、全国で最も起業・創業のしやすい地域の一つとして知られている。隣接する北上市が大規模な工業団地を形成し、企業誘致で成功を収めているのに対し、花巻市の場合は一種の「内発型」の経済活性化を企図し、花巻市起業化支援センターをはじめとする諸機関が連携して、これから新たに創業したいと考える人びとのために各種支援制度を提供している、ということはこれまで各種メディアでもしばしば取り上げられてきた[1]。

これに加え、現在、花巻では一から創業する人びとだけではなく、以前から花巻に存在する企業で仕事に従事している人びと、特に若手の後継者達をこれまで以上に支援するための制度が整いつつある。本章ではこうした支援策の一例であり、金融機関による地域貢献の一例でもある花巻信用金庫（以下、花巻信金）による「花巻　夢・企業家塾」（以下、「夢・企業家塾」）の取り組みについて紹介する。

花巻信金（本店は花巻市吹張町）は一九四九（昭和二四）年二月一日に創立された。花巻市、旧玉山村を除く盛岡市、北上市、遠野市、紫波郡を事業区域とする相互扶助型の金融機関であり、創立以来「地域経済の健全な発展と豊かな暮らしの実現」を理念として活動し続けてきた。花巻信金の店舗は本部を含め九店舗（花巻市八店舗、遠野市一店舗）、会員数は二〇〇八年三月三一日現在で一万〇一七六人にのぼる。

現在、日本においてはほぼ全ての業種で、そして非常に多くの地域で後継者育成が急務の課題となっている。花巻信金の中心事業地域である花巻市も例外ではない。では、花巻ではこの後継者育成問題にどのようにして対処しようとしてきたのか。本章ではこの点に主眼を置きながら「夢・企業家塾」の活動について見ていくことにする。

1 「花巻　夢・企業家塾」設立までの経緯と目的

設立までの経緯

「夢・企業家塾」は二〇〇四年九月に開講され、二〇〇八年三月現在に至るまで既に公開講座等を含めると各年度ごとに四回、九回、八回、六回の合計二七回開催されているが、まずこの塾が開催されるまでに至った経緯を簡単に紹介しておきたい。

「夢・企業家塾」の開催は、二〇〇四年四月に岩手県花巻地方振興局（現、岩手県県南広域振興局花巻総合支局）の当時の局長より、花巻信用金庫理事長の五内川信吾氏に対し「後継者育成のために何らかの取り組みを行ってもらえないか」という依頼がなされたことに端を発する。花巻も他の地方都市同様、後継者育成が急務の課題であり、花巻市内および周辺の郡部地域では後継者不足に悩む企業が多く、また、いたとしても経営者としてこれからどういったことをやっていけば良いか分からない、という声が多かった。事実、単純な数字だけ見ても、旧花巻市における三五歳～四四歳の人口数は一九九〇年、一九九五年、二〇〇〇年でそれぞれ一万〇七四八人、九五〇〇人、八五九二人と減少の一途をたどっており、次世代の企業経営を担うことを期待される若い人材の数は少なくなる一方であった。(2) さらにはショッピングセンターを始めとする大型店の市街地郊外への出店もあいまって中心市街地の空洞化が加速しつつあり、何らかの対策をとる必要に迫られていたのである。

こうした状況の下、振興局サイドだけでなく花巻信金側も同様に若手の経営者のために何らかの取り組み、具体的には若手の経営者ための研究会ないし勉強会を立ち上げたいと考えており、そのため振興局からのこの申し出は渡りに船であった。両者とも地域経済の将来を担う次世代の若い人たちが元気にならなければ地域活性化は図れず、一刻も早く後継者育成のための仕組みを確立しなければならない、という点で意見が一致していたのである。当然、花巻信金自体も地元の中小企業が主な顧客であり、地元の企業が元気にならなければ存在意義が薄れてしまう。これらの地元企業存続は花巻信金の存続に直結するため、一種の運命共同体として花巻信金も後継者問題に真摯に取り組む必要に迫られていた。

なお、支店レベルでは既に一日市支店の会員を中心として結成された若手の経営者の会である「信友会」が存在していたものの、全ての支店を含めたより広い範囲を対象にし、多くの人びとが一同に会して企業経営について勉強する機会は少なかった。花巻信金にとってこうした取り組みは初めてのことであり、またどういった講座内容にすれば良いかといった点について一抹の不安は残ったものの、「地域活性化のためにまずはとにかくやってみよう」ということで「夢・企業家塾」(当時の名称は「花巻地域企業後継者塾」)はスタートしたのであった。なお二〇〇六年度までは県からの補助金を受け、県南広域振興局花巻総合支局との共催の形を採っていたが、「夢・企業家塾」の活動が定着したこともあって、二〇〇七年度からは補助金を受けておらず、花巻信金の単独主催となっている。

「夢・企業家塾」の目的

「夢・企業家塾」開催当初の目的は「当金庫地域の活性化を担う次世代の企業経営者の意識啓発活動により、後継者育成の支援を行い、地域の活性化に資すること」であったが、これに加え上述した経営に不安感を抱いている後継者同士の情報交換、相互扶助のためのネットワーク構築も企図されていた。また受講対象者は花巻信金と取引のある、または取引見込みのある顧客の次世代の経営者であったが、現在では参加資格に信金との取引の有無は一切問わなくなっている。さらに塾生を企業の後継者として確定している人物に限定するのではなく、これからの経営のあり方について勉強したいという人であれば誰でも気兼ねなく参加することができるようにするため、名称も設立当初の「花巻地域企業後継者塾」から二〇〇五年に「花巻企業後継者塾」に、そして二〇〇六年から現在の「花巻　夢・企業家塾」に変更されている。そのため現在では塾生の対象を後継者に限定するのではなく、企業経営に関心のある人全てを対象としている。

なお、花巻信金が塾生を集めるにあたって留意したのが「本気で企業経営について勉強したい人だけを集める」ということであった。単なる付き合いや義理で参加して講座中に寝ているような人がいれば全体のモチベーションも下がってしまうため、無理に頭数を増やすことはせずに、たとえ人数は少なくともやる気のある人たちのみに参加してもらう、ということを企図していた。開催に先立ち花巻信金が塾生を集める際、当初は各店の親睦団体の人びとにメール配信等の手段で声を掛ける以外にはあまり積極的な勧誘は行わず、二〇～三〇人規模で進めていく予定であったが、開講初年度の二〇〇四年度の公

写真2—1 「夢・企業家塾」の講義風景

開講座が非常に好評であったため塾生数が開催当初の予定よりも大幅に増加し、二〇〇七年度現在では七三人の塾生が「夢・企業家塾」で学び、交流を続けている。

また塾生の支払う会費は花巻信金の単独主催に伴い、塾生からの要望で一万二千円から現在の二万円に変更されている。

2 「夢・企業家塾」講座内容

通常の講座内容

通常の講座では、基本的に毎回東京をはじめとする大都市圏から講師を呼び、座学で聴講する形となっている。開催初年度の二〇〇四年度に関しては、初年度ということもあり講師のリストアップは振興局と花巻信金が協議しながら決定したが、塾生会を結成した二〇〇五年度以降はアンケート調査を行いながら塾生の要望に沿ってどういった講師を呼ぶか、またどういった内容の講義を行ってもらうかを決定しており、塾生が主体的に講座運営に携わり、花巻信金がこれをバックアップするという仕組みが確立されている。

開講初年度の二〇〇四年度の講座は全て公開のものであり、各四回とも毎回異なる講師の話を聴講するという形を採っていたが、二〇〇五度以降はその回に行われた講座内容についてのみ学ぶだけでなく、

表2―1　「花巻　夢・企業家塾」2006年度

開催日	講師	テーマ
2006年6月19日	(株)アントレプレナーセンター　代表取締役社長	みんなを感動させる夢の描き方
2006年8月3日	同上	働くことを感動に変える仕掛け創り
2006年9月14日	同上	企業を成長させる独自の感動的価値をつくる
2006年11月21日	同上	社員を本気にさせるメンタリング・マネジメント
2006年12月6日	(株)アントレプレナーセンター　代表取締役社長 (株)ウィズ　代表取締役社長	たまごっち成功のノウハウ
2007年2月9日	(株)日本トップマネジメント研究所　代表取締役社長	若手経営者・後継者　失敗する原因とその対処法
2007年3月1日	(株)アントレプレナーセンター　代表取締役社長	東京感動企業探索の旅
2007年3月1日	(株)日本トップマネジメント研究所　代表取締役社長	若手経営者・後継者のための人心掌握術

注：2006年6月19日および12月6日は公開講座。

同時に講師の人生観や哲学も吸収したいという塾生の強い要望を受け、いわゆる単発での講座ではなく、シリーズ化して一人の講師に複数回講座を担当してもらうという形式を採用している。この講座では企業経営に関するノウハウについて学ぶ一方、企業家、後継者として、さらには企業経営に将来携わる立場の人間として、どういった心構えで仕事に望まなければならないかというメンタル面に関する講義もなされている。

一例として二〇〇六年度の開催状況を表2―1に示している。これまで依頼した講師は単発の講座を含めると、大学教授、コンサルティング会社社長、大手メーカー社長、レーシングドライバー等、多岐分野に渡っている。

なお、通常の講座は、塾生の普段の業務にあまり支障がでないようにするために、夕方の四時から五時の間に開始されている。

この「夢・企業家塾」の一つの特徴として、塾生同士と各種関連団体の職員同士のコミュニケーションが活発に取られていることがあげられる。各回とも講義を聴講したらすぐに解散するのではなく、必ず終了後に横の連携を強めるために懇親会を開催しているが、「夢・企業家塾」にはこれまで青年会議所や商工会議所の青年部に参加していなかった人びとも参加しており、コミュニケーションを取ることで互いに刺激を与え合っている。

さらに、講座には塾生以外にも「夢・企業家塾」設立に尽力した県南広域振興局花巻総合支局や花巻市起業化支援センター、花巻市産業部商工労政課等の各種団体の職員も毎回参加しており、講座終了後の懇親会では同業者・異業種の塾生同士、さらには塾生と職員という多種多様なバックグラウンドを持つ人びとの間での情報・意見交換が活発に行われている。

写真2―2　講座終了後の懇親会の様子

なお、通常、この講座終了後の懇親会は講座が開かれた会場と同じ場所ないし同じ建物の隣の会場で二時間弱ほど行われているが、この懇親会が終了した後も塾生と各種団体職員の同士で別の場所でまたさらに交流会を行っており、「夢・企業家塾」や花巻市を中心とする地域経済活性化のための今後の方向性について、年齢や職種に捉われることなく互いに腹を割って夜遅くまで意見を交換しあう様子が見

表２—２　2005年　東京感動企業探索の旅　スケジュール

6時14分	新花巻出発
9時28分	東京駅着
10時10分	株式会社車輪庫（辰巳）
11時30分	株式会社バイク急便（辰巳）
12時30分	セブンイレブン１号店（見学のみ・辰巳）
13時30分	株式会社ウィズ（箱崎）
14時45分	昼食　モスフードサービス「千円バーガー」開発担当者講話（移動バス内）
15時20分	株式会社モック（銀座）
17時00分	楽天株式会社（六本木）
18時40分	カレイドスコープ昔館（見学のみ・麻布十番）
19時30分	夕食　レストランCasita（麻布十番）
22時00分	解散

られている。

東京感動企業探索の旅

花巻信金が「夢・企業家塾」を開催するにあたって特に「売り」の一つにしているのが毎年一回開催される「東京感動企業探索の旅」である。この「東京感動企業探索の旅」の主眼は、この期間中、塾生が朝から夜までの約一二時間のあいだ、四六時中誰かの話を聞き続けることで常に新たな刺激を受け続ける、ということである。

「東京感動企業探索の旅」においては午前中から午後まで複数の企業を訪問し、常に前向きな考えを持っている有能な経営者やヒットした製品の開発担当者の話を直に聞き、さらには実際にサービスを提供してもらうことで顧客を感動させる事業を身をもって体験することができる。表２—２に二〇〇五年度における簡単なスケジュールを示しておいた。この「東京感動企業探索の旅」では、流行の最先端で夢を持って活動し

写真2―3　「東京感動企業探索の旅」の様子

続けている経営者がどういったことで苦労してきたか、会社経営をなす上でどういったことを重視しているのか、そして顧客を感動させるビジネスとはどのようなものであるのか、といったことを何らかの媒体を通してではなく、直接自分の五感を通して体験することにより、より一層強い刺激を受けることが可能となっている。

　二〇〇六年度の場合、参加した塾生の多くから「この時が特に感動した」という声が寄せられたのが、この日の最後に訪問した超人気レストランであった。このレストランは「日本で一番予約するのが難しい」と言われるほどの店であり、塾生が訪れた際は店側からさまざまな趣向を凝らしたもてなしを受けたが、この時の感想としてある塾生は「この時に自分がこれから花巻に帰ってお客さんにどういったサービスを提供しなければならないのか、自分の会社と業種は違えども本当にいい店というのがどういうものであるかが実感できた」と語っている。なお、この「東京感動企業探索の旅」参加数は二〇〇五年度で三八人（塾生一九人、塾生外一九人）、二〇〇六年度で三三人（塾生二〇人、塾生外一三人）となっている。

3　受講者の特性と成果

受講者の特性

「夢・企業家塾」塾生の特性として、開催当初の目的が次世代経営者の育成であったこともあり、比較的若い働き盛りの人材が多いということがあげられる。塾生の平均年齢は二〇〇四年度、二〇〇五年度、二〇〇六年度、二〇〇七年度の順に三六・五歳、三七・八歳、三八・八歳、三九・一歳であるが、塾生数は各年度順に五四人、六七人、八五人、七三人と推移している。また細かい年齢分布についてみると、最新の二〇〇七年度では三〇代の塾生が最も多く、全体の四四％を占めており、順に四〇代で四二％、五〇代以上で一一％、二〇代では九％となっている。

各塾生の業種については、二〇〇七年度では塾生七三人中、製造業に従事する塾生が最も多く三六％、以下卸売・小売業が二三％、建設業・不動産業が一八％、サービス業が七％、飲食店・宿泊業およびその他が一四％となっている。

なお、塾生とオーナーとの関係について見ると、オーナー一族である塾生が最も多く四四％、社長が四〇％となっている。

また「夢・企業家塾」の年度ごとの参加状況について見ると、「東京感動企業探索の旅」を除く講座（公開講座を含む）に参加した延べ人数は二〇〇五年度、二〇〇六年度、二〇〇七年度でそれぞれ七二〇人（塾生三二三人）、五九六人（塾生三〇五人）、六五二人（塾生三二七人）にのぼる。また、公開講座では塾生以外の参加者で、今後また新たに「夢・企業家塾」で勉強したいと希望するであろう「潜在的」な塾生も数多く参加しており、「勉強したいという希望さえあれば来る者拒まず」の非常にオープンな雰囲気で「夢・企業家塾」は運営されている。

表2—3　「夢・企業家塾」の塾生の特性

業　　種	人数
製造業	26
卸売・小売業	17
建設業・不動産業	13
サービス業	7
飲食店・宿泊業およびその他	10

経営者との関係	人数
オーナー一族	32
社長	29
娘婿	3
社員	3
個人事業主およびその他	6

年　　齢	人数
20—29	7
30—39	32
40—49	30
50 以上	8
不明	1

成果および感想

これまでの三年間の活動による全体的な成果としては以下のようなものがあげられている。「経営の基本や経営姿勢の学習により、受講生の知識の向上が図られた」「受講生である次世代の経営者やこの地域の担い手と、地方公共団体、金融機関が一体となり、他地域にはない相互支援できるネットワークが構築された」「受講生による塾生会が立ち上がり、経営等に関する自発的、主体的な学習の持続可能な態勢が構築された」などが指摘されている。

また各々の塾生の成果については、以下のようなものが寄せられている。「会社を引き継ぎ、新たな営業形態にするべく、創業者精神で取り組むようになった」「後継者としての共通の悩みなどについて講座を受講することにより解決し、また塾生同士の交流によっても解決を図っている」「後継者として自社の技術の優位性をアピールし、新たなコラボレーションや製品の開発に取り組んでいる」「後継者として現状の打破を意識し、全国でも少数しか持っていない資格を取得した」「新たな機械を導入し、自社製品の差別化を図って経営の向上を図っているほか、地域のサテライト誘致に尽力し、地域の活性化を図っている」「自企業の開発商品を利用した事業を推進するため、塾生同士のコラボレーションを図っている」等、様々なものがあるが、夢・企業家塾に参加したことによる塾生の満足度は非常に大きいものであったことがうかがえる。

「夢・企業家塾」は開講してまだ日が浅いものの、この塾から受けた刺激によって、上記のように多くの後継者と若手社員が前向きに経営に取り組んでいる。また「塾生同士でコラボレーションを行って実際にショップ運営を行いたい」という希望を持つ塾生もいる一方、既に「夢・企業家塾」のメンバーを含め気心の知れた仲間同士で新商品開発のための研究会を立ち上げ、異業種間で協力して製品開発と新たな販売チャネルの具現化に向けて着実に努力している企業も存在している。

なお、最近の一企業レベルでの顕著な成果としては、後継者が塾生として参加している伊藤工作所（花巻市中根子）が二〇〇七年の「いわてビジネスグランプリ」（いわて産業振興センター主催）イノベーション部門でグランプリを受賞している。この「いわてビジネスグランプリ」は新たな事業の創出と発展を目的として、独自の新しい事業プランを募集・審査するものであり、これは「岩手県内で一年以内に創業を目指している、もしくは創業後三年以内で事業展開を図っている」人びとを対象とするスタートアップ部門と、「岩手県内で創業後三年以上経過し、新商品開発や事業展開によって事業の多角化を図ろうとする」人びとを対象とするイノベーション部門に分かれている。

ここでは審査基準である「新規性」「独自性」「市場性」を考慮し、一般公開によるプレゼンテーションを踏まえた上で優秀とされた事業プランに助成金が与えられることになっているが、高齢化と人手不足に悩む酪農家のニーズに着目した伊藤工作所は二〇〇七年に清掃作業の省力化を可能にした畜舎用排泄物清掃装置を完成させ、見事グランプリを獲得した。伊藤工作所の後継者で塾生の伊藤達也氏自身、「夢・企業家塾」に参加したことによってそれまでの仕事に対する取り組み方・姿勢が以前と大きく変わり、「夢・企業家塾」への参加は自社の技術を見直す一つのきっかけとなった、と述べている。無論、「夢・企業家塾」のように次世代の後継者の啓発を目的の一つとしている場合、地道かつ継続的な活動こそが何よりも大切であって、目に見える形での結果を矢継ぎ早に出そうとすることは難しいが、成果が着実に現れてきている、ということは評価される。

4　今後の課題と今後も必要とされる理念

ここまで見てきたように、現在「夢・企業家塾」は地元の若手後継者や社員にとって貴重な学習と相互交流の場となっている。現在のところ「夢・企業家塾」の運営は非常に上手くいっていると思われるが、ここでは将来生じる可能性のある問題も含め、今後の課題について二点指摘しておきたい。

①目的を違えた人物が参加しにくい土壌を維持する　あくまでも可能性の問題であるが、今後も塾生が増加した場合、勉強することではなく何がしかの利益を求めて参加する人物が出ないようにすることが必要である。「夢・企業家塾」では互いに気心の知れた塾生同士でコラボレーションを図っている場合

もある。現在「夢・企業家塾」に参加している塾生全員の意識は企業経営について主体的に学ぶことに向いているが、「塾生になれば仕事の受注を得やすいだろうから入ろう」という考えで「夢・企業家塾」に参加する人物が現れたとしても、そういった人物が「場違い」であることを認識させるような雰囲気を現在と同様維持し続ける必要がある。この点に関しては上述のように、主催者の花巻信金が「本気で企業経営について勉強したい人だけを集める」ということを常に念頭に置いているが、「夢・企業家塾」が軌道に乗りはじめた現在、この点を花巻信金は今まで以上に強調していく必要があると思われる。

②単なる「居心地の良い社交場」とならないようにする

講習後の懇親会では各業種の人びとが盛んに交流し情報・意見交換を行っている。これは非常に有意義なことであるが、毎回同じような顔ぶれで交流をしていると、どうしてもそこが同じような考えを持つ人同士の「居心地の良い社交場」となってしまう危険性が生じる。これを避けるための方法としてまず考えられるのは（勉強することを第一の目的とし熱意のある）新たな人材をさらに塾生として取り込むこと、である。ただし、地域的な限界もあり、また若手の後継者や社員が減少しつつある現状でそうした熱意のある人を確保しにくいということであれば、数人の塾生が今後の希望として述べているように、他地域の複数の人材育成塾との交流を定期的に持つことが一つの方法として考えられる。「夢・企業家塾」の塾生と同様に企業経営について共通の興味関心を持ち、かつ自分たちにとって新しい考えを持つ人びととの交流は、柔軟な考えを持つ次世代の経営者となるための絶好の機会になると思われる。(3)

今後も必要とされる理念

これまで見てきたように「夢・企業家塾」は勉強熱心でかつ日々の業務で多忙な後継者・社員にとって非常に貴重な学習の機会であると評価される。東北の地方都市という性格上、花巻市周辺に在住している場合に個人で講習会に参加しようとするならば、優秀な講師の講義を聴くためには通常の業務の忙しい時間を割いてわざわざ東京まで行き、少なくない交通費と宿泊費、さらには高い受講料を支払わなければならないが、地元で開催される「夢・後継者塾」は現在年間二万円という割安の会費で、しかも自分の会社から車で行ける場所で夕方に開催されるため、時間的なロスも少なくて済む。また、普段の講座と「東京感動企業探索の旅」、そして懇親会によって、地元地域の様々な業種の人びと、これまでは交流の機会がなかった同業他社・異業種の人びとと交流し、新たな視点と刺激、そして熱意を持ち帰って日々の仕事に励むことができるのである。

さらに「夢・企業家塾」を通して学んだことの一つとして、塾生会の副会長の伊藤純子さんは次のように答えている。

「…私が特に教わったのはメンター（助言者――筆者注）になりなさい、っていうことだったんですよ。誰かの補助役、支えになりなさい、そうすれば誰かがあなたを支えてくれる人がきっと現れるから、ということだったんです。」

信用金庫はその性格上、相互扶助すなわち地域の人びとが互いに地域の繁栄を図ることを目的としている。また「夢・企業家塾」の塾生会規約の第二条（目的）には以下のように記されている。「本会は、地域の活性化や会員個々の夢を実現するために必要な研修や事業を行い、次世代の経営者として自立するとともに、会員相互のネットワークを構築して会員相互の親睦と繁栄を図ることを目的とする」。

花巻信用金庫が地域貢献の一環として始めた「花巻　夢・企業家塾」によって、同じ目的と理念が着実に塾生に受け継がれているのではないだろうか。「夢・企業家塾」を開催当初から取りまとめている花巻信金理事の漆沢俊明氏は「我々はあくまでも黒子ですから」と控えめに話しているが、花巻信金の主催する「夢・企業家塾」は熱意とやる気のある後継者と若手の社員にとって、そして花巻を中心とする地方都市の活性化のためには既に不可欠な制度になっている。

なお、「夢・企業家塾」での一連の動きは花巻市周辺のみに留まらず、徐々に広がる傾向を見せつつある。「夢・企業家塾」の運営ノウハウを参考にしつつ、二〇〇六年からは同じ岩手県の盛岡信用金庫と盛岡地方振興局が共催して「盛岡地域夢起業塾」を開講するまでに至っている。こうした動きがさらに連鎖的に岩手県の他の地域にも広がってゆき、各地域の地元企業、次世代の経営者と社員が一層の活力を持てば、景気の先行きが未だ不透明だと言われる東北経済の現状を打開するまでになる可能性は十分にあると思われる。そのためにも「夢・企業家塾」を支える花巻信金とその主体である塾生の一層の活躍が望まれる。

地方経済が活性化するための重要な条件は、「自分の会社、そして地元地域は自分が支えるのだ」という強い意識を持った若い人材が次々と現れることにあると思われる。「夢・企業家塾」の今後のさらなる発展に期待したい。

（1）この点についての詳細な議論は、関満博・山田伸顯編『地域振興と産業支援政策』新評論、二〇〇二年、および関満博・関幸子編『インキュベータとＳＯＨＯ』新評論、二〇〇五年、を参照されたい。

（２）花巻市企画生活環境部広聴広報課『花巻統計書（平成一六年版）』二〇〇四年、による。

（３）この点については、関満博編『地域産業振興の人材育成塾』新評論、二〇〇七年、を参照されたい。

第三章　せがれ塾の展開と職員の中小企業への出向
――日本海信用金庫（島根県浜田市）

松永桂子

日本海信用金庫は、山陰・島根県浜田市を中心に江津市と益田市に店舗を持つ。地元企業の支援を通じて、浜田圏域の活性化に取り組んでいる。特徴的なのは、取引先企業の支援の一環として、積極的に後継者を育成していることである。地元企業の若手後継者を育成するために、二〇〇四年一一月に少数精鋭型の「せがれ塾」を発足させた。次期経営者としての知識や見識を身に着けてもらうことが目的である。塾生は卒業までの間に、企業経営に関する講義を受講しながら、自社の中期計画を立てる。次期経営者としての自覚を促がすことが狙いであり、地元信金として世代を超えて経営者のバトンをつないでいくことが、地域活性化の基盤になると考えられている。地場産業の落ち込みを打開する新たなビジネスチャンスを、若手後継者たちと共に切り拓こうとしている。

1　地域経済に密着する信用金庫の使命

地域経済に密着する地元金融機関にとって、地域産業の落ち込みは、資金需要の低迷にもつながり、厳しい状況に置かれることになる。地方などの小都市においては、より深刻な課題といえる。地域企業へ送り出される資金循環の停滞が続けば、地域経済全体が縮小していくという悪循環にもなりかねない。

まず、島根県西部の浜田圏域の地域経済の状況と、こうした小都市に位置する信用金庫の使命について見てみたい。(1)

浜田圏域の地域経済

島根県西部・石見地域に位置する浜田市と江津市を合わせた浜田圏域の人口は約九万一〇〇〇人（二〇〇五年）であり、六五歳以上の高齢化率は二八・八%に達する。二〇一五年の人口推計によると、八万人強にまで人口は減少し、高齢化率は三三%にまで上昇すると見込まれている。地方の典型的な産業構造・就業構造をとり、全国と比べて建設業と農林水産業の比率が高く、就業比率は、建設業が一三・一%、農林水産業が八・六%となっている。公共事業もピーク時から半減し、建設業の倒産廃業も相次いでいる。また、水産業・水産加工業も、日本海に面する浜田の一大産業であるが、近年、就業者数、付加価値額ともに減少している。水産業の付加価値額は、一九九〇年の五六・七億円をピークに、二〇〇三年には一八・六億円と、最盛期の三分の一まで落ち込んだ。

浜田港は、山陰・鳥取の境港と並び、全国に一三ある特定第三種漁港として名高い。特に、浜田産カレイの干物は全国で約五〇%のシェアを占める。とはいえ、高いシェアの割には全国ブランドとして浜田産の魚はあまり浸透していない。カレイの他に、アジ、のどぐろを加えた三種を浜田ブランドとして売り出そうという動きがようやく高まってきた。今になりPRに力を入れ始めた背景には、近年、浜田港の水揚高が危機的な状況に陥ったことによる。最盛期の一九九一年には水揚高は一六万トンを越えていたが、二〇〇二年には四万トンにまで大きく減少。水揚金額は一一八億円から六六億円に減少した。

図３—１　島根県と浜田圏域地図

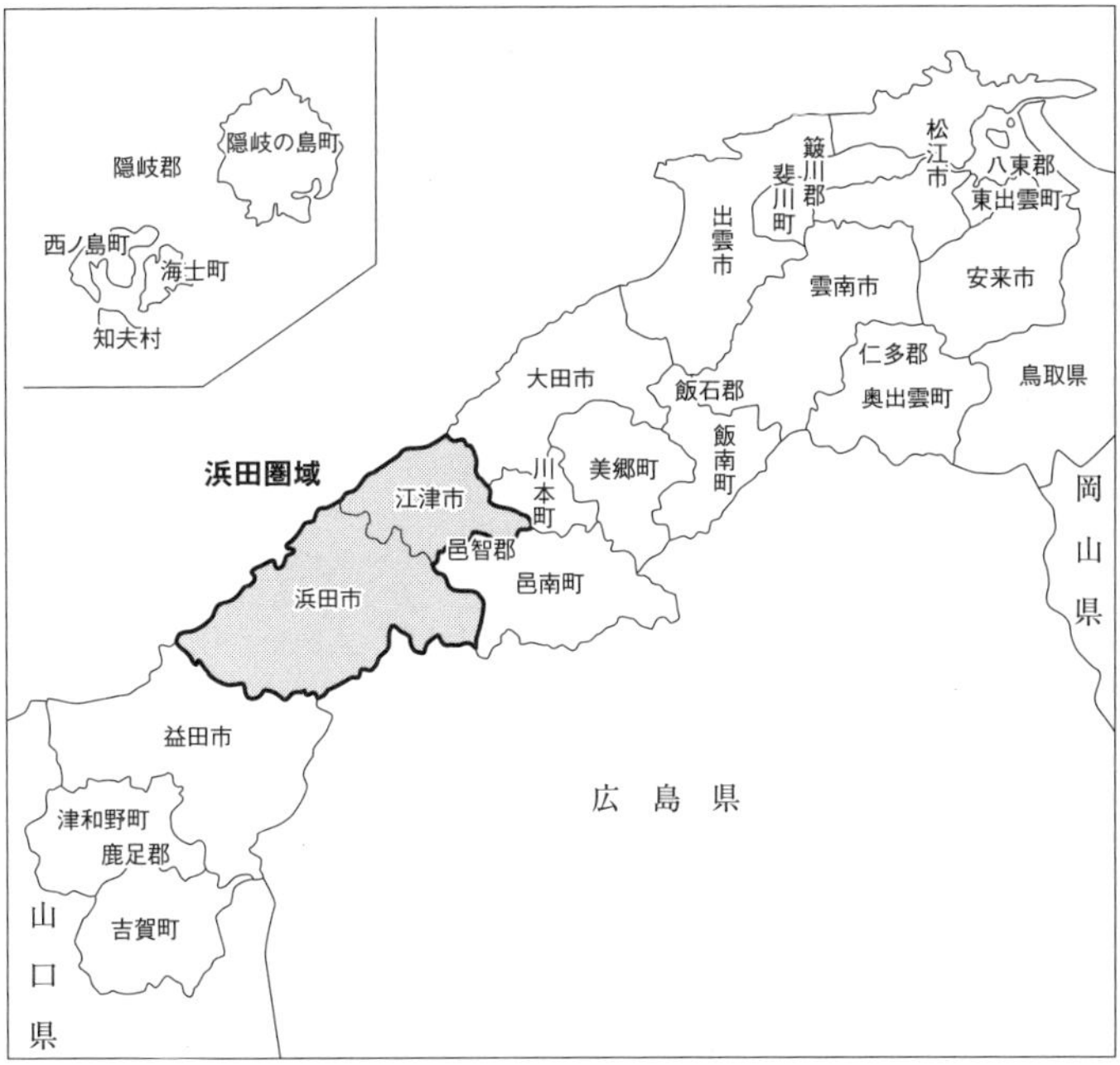

資料：Yahoo! 地図情報（http://map.yahoo.co.jp/address/32/index.html）

特に、水揚高はいわしの激減によるものだが、近年は比較的価格の高いひらめ・カレイ類、のどぐろ、いか類が増加傾向にあり、水揚金額そのものは一九九〇年代後半からなんとか横ばいを維持している状態である。

　浜田圏域は水産業以外にもう一つ地場産業がある。江津市を中心とした一帯は石州瓦の産地である。三河や淡路と並び日本三大瓦産地にも数えられるが、今や瓦製造業者は一〇社にまで減少している。その中で、生き残っている瓦業者は、台湾やロシア向けに輸出を拡大したり、グッドデザイン賞を受賞したりするなど、経営努力を続けている。しかしながら、最盛期の頃と比べれば、浜田圏域の主要産業である水産業と瓦産業は、両産業とも衰退の一途を辿っていることは明らかである。特に、水産業の落ち込みは、浜田経済にとって痛手である。市内の飲食業界にも影響し、飲み屋は最盛期の四分の一ほどにまで減少したという声も聞く。水産業の落ち込みは、まちのにぎわいにも影を落としつつある。

小都市の地域金融機関の使命

このように地方の地域経済は地場産業の衰退に加え、公共事業の削減もあいまって、厳しい経営環境が続く。一方で、山陰経済を牽引する大手の誘致企業はメインバンクとの結び付きが強く、地域金融機関との接点は薄い。そのような中で、地場企業の資金需要の低迷は、地銀や信用金庫にとって厳しい課題である。山陰両県（島根県、鳥取県）に店舗展開する金融機関の貸出金残高（二〇〇八年二月末まで）は、法人向けの低迷で一八カ月連続マイナスとなっている(2)。

経営の基盤強化や健全化を目指す地域金融機関にとっても、不良債権処理は避けて通れない。金融庁は、大手銀行の不良債権比率の削減に対して、二〇〇五年三月期決算において二〇〇二年水準の半減を数値目標に置いた。一方で、地銀や信用金庫などの地域金融機関には大手銀行と同様の指導はあるが、数値目標は示さず、企業再生を通じての不良債権処理を要請している。したがって、信用金庫など地域金融機関の不良債権比率は依然として高い水準にある。

日本海信用金庫の不良債権比率は、二〇〇一年度には一七・五％もあった。二〇〇五年度には一〇・一五％にまで減少したものの、いまだ一〇％を超える水準である。山陰地方には七つの信金が存在するが、いずれも似た状況にある。(3) 信金が地元企業に対して、不良債権処理を加速させれば、倒産を余儀なくされる企業が出て、地域経済に悪影響が生じる。したがって、信金の不良債権比率が高いことは、自己破産や民事再生を避けながら、投資ファンドなどを活用した企業再生に力を入れていることの証左でもある。債権放棄をしてでも、地域経済へ影響の大きな破綻を回避する。小都市の信用金庫では、こうした経営課題に向き合っている。今こそ、難しい経営のかじ取りが迫られているのである。

2 日本海信金が取り組む人材育成

日本海信用金庫の岡田久樹理事長は、「地域金融機関の経営は地場経済と直結しながら、地場経済を支えることが『地域金融機関の使命』」と言い切る。地元企業の事業再生支援に力を入れつつ、人材育成にも積極的に取り組んでいる。

日本海信金は、常勤役職員一四七人で、一四店舗を持ち、浜田市の中心地に本店を置いている。二〇〇七年三月期の決算は、経常利益一億八〇五八万円、当期純利益一億三三一〇万円、自己資本比率は一二・〇七％である。一九二三（大正一二）年に浜田町信用組合として設立され、一九五一（昭和二六）年に浜田信用金庫に改組。一九九五年に江津信用金庫と合併し、日本海信用金庫に改称された。事業エリアは、浜田市、江津市、益田市、大田市と邑智郡邑南町の一部である。近年では、人材育成に力を入れ、経営者世代と後継者世代それぞれの異業種交流会を組織している。経営者の親睦を図る場としては、「日本海しんきんビジネスクラブ」を一九九三年に発足させている。

写真３—１　日本海信用金庫本店

写真３—２　せがれ塾の様子

「せがれ塾」における後継者育成

さらに、二〇〇四年一一月からは後継者向けの「せがれ塾」を開講。地域企業との継続的な関係構築のために、精鋭の若手経営者に後継者としての知識や見識を勉強してもらうことが目的である。対象は、日本海信金営業区内の核となる企業の志の高い後継経営者である。一期生と二期生を送り出し、現在三期生が切磋琢磨して、企業経営やビジネス作法を学んでいる。一期生一九人、二期生一八人、三期生一八人であり、三期生から二年の期間を設けて開講。受講料は年間三万五〇〇〇円となっている。

カリキュラムは表3―1にあるように、年間五回の勉強会と記念講演、東京ビジネスサミットへの参加といった内容である。一回二時間の勉強会では、毎回ワークシートを用いた課題が出される。講師は、経営コンサルタントを中心に、行政や大学関係者で構成され、筆者も講師の一人としてお手伝いさせていただいている。勉強会で体系的に学んだことを自社のケースに置き換え、日本海信金の担当職員と共に考え、最終的には自社のあるべき姿を描いた「中期経営計画」を策定する。

表3―1　「せがれ塾」年間スケジュール

2月	中小企業庁セミナー&発会式
4月	第1回「あなたの店にとっての商品とは？」
6月	第2回「あなたの店にとってのお客様とは？」
7月	第3回「これからの有望ターゲットとは？」
8月	個別相談会
9月	第4回「店舗力アップの具体的手法とは？」
10月	第5回「社内の人材活性化の2つの秘訣とは？」
11月	東京ビジネスサミット視察
12月	修了式・卒業証書授与式

塾生は全て異業種で構成

岡田理事長は、「地元金融機関として、経営者のバトンを受け継ぐための環境づくりこそが、地域再生や地域活性化につながる」と語る。岡田氏は、山陰合同銀行の出身であり、二〇〇一年に日本海信金の理事長に就任した。「銀行マンの最後の仕事として、人づくりがしたかった。親世代が子ども世代に遠慮して言えないことを、自分が代わりに伝えたい。親は子どもに家業を継いでくれることだけでもありがたいと思っているので、それ以上のことはあまり言えず遠慮がある。息子に率直に言えない父親に代わって、後継者を鍛える役割を背負おうと思った」と、創設の動機を語る。

これまで一期生と二期生が卒業したが、入塾する前と比べて成長し、大きく変わるという。一期生のうち、三人が二期生として再度、入塾を果たすほどの熱心さである。二年を希望する声が多く、二〇〇七年度からは二年間で一期としている。

異業種で構成され、同業者を同期に入塾させないことが特徴である。水産業、水産加工業、瓦産業、建設業、食品業界、スーパー・流通業、青果業、運送業など、塾生の業種は多様である。また、後継者だけでなく、日本海信金の若手職員四～五人も同期として入塾させることも注目される。日本海信金は、真の意味でのリレーションシップ・バンキングとなるべく、後継者と職員が若いうちから人的交流を深め、地域経済の発展に貢献していくというミッションを共有している。塾は地域をベースにした人脈構築の場でもある。

写真3―3　岡田久樹理事長

成長を遂げる塾生たち

塾生の平均年齢は三三～三四歳。自社を色々な角度から眺める機会を得ることによって、経営者としての資質を身に着けていく。異業種であることから、他社の後継者との交流を通して、視野が広くなるという効果もある。また、地域の中の自社を見つめ直すことにより、まちづくりへの意識も高まる。

浜田・江津地域は親世代である社長同士が知り合いである場合が多い。ロータリークラブやライオンズクラブ、商工会議所の集まりなど、いつも同じ顔ぶれが揃いがちである。小都市の中小企業経営者の集まりは、どこもこうした経営者団体が牽引しているように思う。しかし、現役経営者である親世代だといつも同じ顔ぶれなので、深い付き合いができる反面、新しい発想が生まれにくくなっているともいえる。また、ビジネスにおいて、しがらみや癒着が出てくる可能性もあるだろう。せがれ塾は、こうした親世代の経営者交流とは違った形で運営され、後継者ならではの悩みや課題を共有しながら、自身が求める経営者像に近付こうと切磋琢磨している。浜田地域の若い後継者世代の集まりとして、知名度も高まってきた。現在までに、塾生のうち三人が代替わりをし、経営者となっている。

3　新たな挑戦——浜田港を活用したロシア向け輸出

「水産のまち」であった浜田経済の落ち込みは、漁獲高の減少とともに著しいが、浜田港を基点として新たなビジネスが展開されている。浜田港の貿易額推移は、図3—2にあるように、ここ数年で輸出が急増している。二〇〇七年には貿易額が初めて二〇〇億円を突破し、輸出額は五年前の一〇倍にまで増加した。(4)

これを牽引しているのが、ロシア向けの中古自動車輸出である。輸出額の九五・四%を中古自動車が

図３―２　浜田港の貿易額推移（2001～2007年）

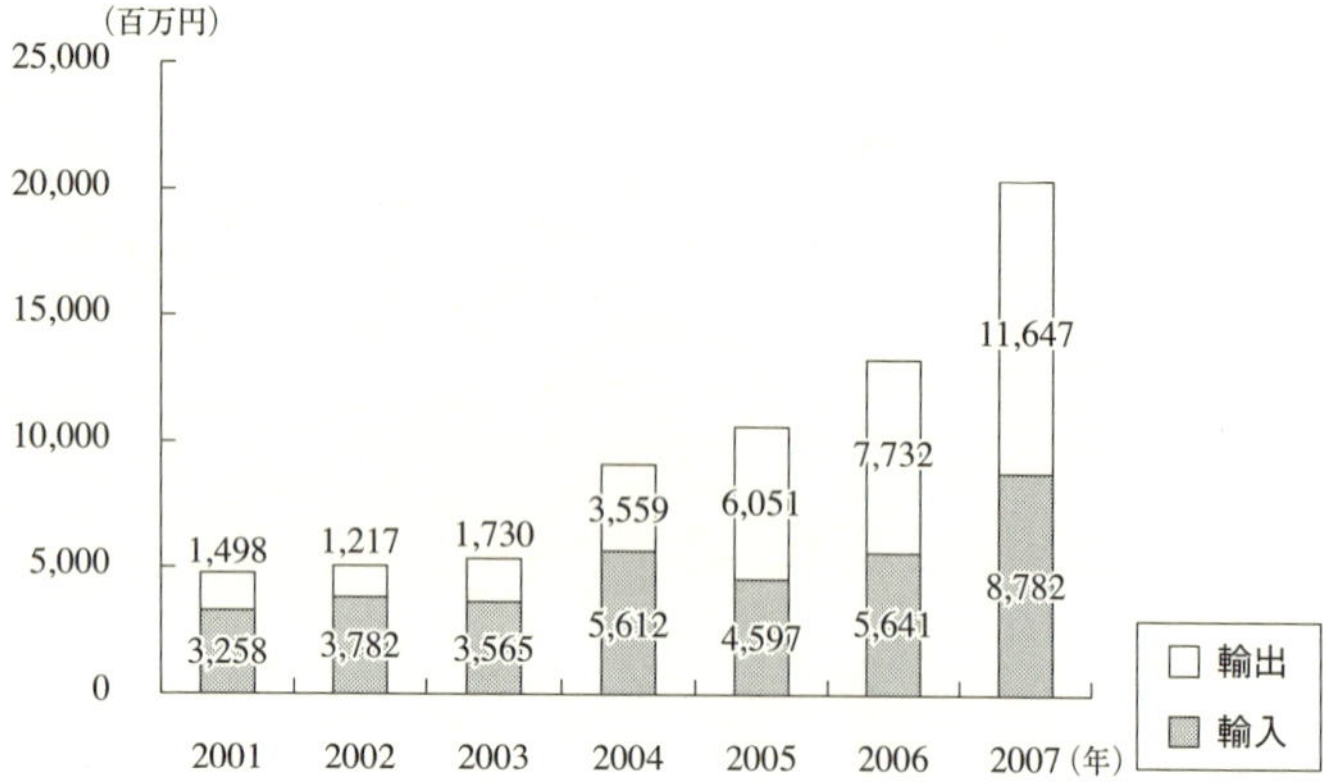

資料：財務省「貿易統計」より作成。

占める。国別では、九五・七％がロシア向けである。浜田港は、一八八九（明治二二）年の開港以来、木材の輸入が貿易額のほとんどを占めていたが、一九九七年からロシア向けに中古自動車の輸出が開始され、貿易総額の飛躍的な伸びに至っている。二〇〇一年からは定期コンテナ航路が開設され、浜田港の利用企業者数は飛躍的に伸びた。二〇〇七年一月から一二月の総輸出台数は、一万八二六二台、総額一一〇億円にも達している（財務省『貿易統計』による）。

ロシア貿易振興プロジェクト

中古車に続くロシア向けの新たな輸出品として、農産物の出荷が伸びている。これを手がけているのが、せがれ塾一期生であった永島青果（江津市）の後継者、永島勝之常務（一九七二年生まれ）である。二〇〇六年三月に、「ロシア貿易促進プロジェクト」の一環として「青果・果物・食品商談会」を浜田港振興会が実施。中古車輸出を手がけるエル・アイ・ビー（浜田市）が新たな輸出業務として、農産物の輸出を展開することになった。輸出品は永島青果が調達し、島根県産品であるメロン、ぶどう、トマト、梨を中心に、りんご、じゃがいも、玉ねぎなど日持ちするものを広く出荷している。二〇〇七年六月、八月、一〇月、一二月とこれまでに四回、約一〇〇〇万円分の食品がロシアに輸出された。これら青果物は中古車輸出と同じ船で、冷蔵機能の備わったコンテナで輸出されている。ロシア・ウラジオストクでは、高所得層を中心に、日本製品が人気を集めており、スーパーには高級品として日本産の果物や野菜が多く並んでいるという。

中古車のロシア輸出の増加にあやかり、青果物のみならず、地場産品の石州瓦や木製ドアの輸出も行われている。浜田港振興会が事務局となり、島根県や浜田市、商工会議所などと共にロシア貿易促進プ

写真３―４　浜田港に並ぶ大量のロシア向け中古車

写真３―５　荷積みされるロシア向け中古車

表３―２　ロシア貿易振興プロジェクトの動き

2007. 2	プロジェクト設立	【青果・食品】 ●4回で約1000万円輸出 ●島根県産品は、メロン、ぶどう、トマト、梨
2007. 3	「青果・果物・食品商談会」開催	
2007. 5	ウラジオストク経済調査	
	木製ドア輸出開始	【木製ドア】 ●7回で約600万円輸出 ●継続して注文があり、物件は50件を越えている
2007. 6	食品輸出第1便	
	（以降、8月、10月、12月に輸出）	
2007.11	島根県産品テストマーケティング	【石州瓦】 ●12月に第一便を輸出。約30万円輸出 ●石州瓦の高い耐久性を活かせる市場として期待
2007.12	「建材商談会」開催	
2008. 3	ウラジオストク建材商談会	

ロジェクトを推進。浜田港振興会に、日本海信金の行員が出向し、スタッフとして関わっていることも注目される。「産・官・金」の連携で、浜田港を活用したロシア向け貿易のビジネスチャンスをうかがい、着実に輸出事業を拡大させている。

塾生が乗り出した農産物輸出

せがれ塾の一期生であった永島勝之氏は、ロシア向けに野菜や果物を輸出し、新たなビジネスチャンスを切り拓いたキーマンである。永島青果は、一九七九年創業、従業者二三人で野菜・果物の卸売りを手掛けている。[5] 山陰を中心に、地元スーパー、病院、外食産業などへ卸している。二〇〇七年には、ロシア向け輸出に乗り出し、ウラジオストクのスーパー用に自社が調達した野菜・果物を四度輸出した。きっかけは、浜田港からのロシア向け中古自動車輸出を手掛けるエル・アイ・ビーの高橋克弘社長の勧めであった。同社は、一九九七年からロシア向け輸出を開始し、対ロシア貿易のノウハウを蓄積してきた実績を持っている。さらなる浜田港の活用として、高橋社長は、地元業者が浜田港を拠点に輸出向けビジネスを展開することを切望していた。

こうした高橋社長の意見を受け、浜田港振興会はロシア貿易促進プロジェクトを立ち上げる。その第一弾として、二〇〇七年三月に、ロシア・ウラジオストクの青果物専門商社のエーラン社を招き、地元企業との商談会を実施した。商談会に出席した永島氏は、JAを通さず直接にエーラン社に卸すことにより、新鮮な野菜・果物を供給できると確信した。五月には、ウラジオストクへ足を運び、三カ月前に輸入された日本のりんごが店頭に並んでいるのを目の当たりにし、参入への思いをより強くする。青森からだと韓国・釜山港経由でウラジオストクに到着するのに二週間を要すが、浜田港経由であれば中古車船の直行便があるため三九

写真3―6　永島青果の倉庫に並ぶ野菜

写真3―7　永島青果 永島勝之常務

時間で着く。

「食品なので輸出できるアイテムは絞られてくるが、ロシア側は小ロットで多くの種類の青果を要望している。自社の品揃えのよさを活かせるチャンスでもあった」と、永島氏は話す。永島青果は、浜田青果市場、益田青果市場、広島中央市場から毎日仕入れている。山陰の青果物卸業では唯一、広島中央市場に毎日、大型チャーター便を走らせている。したがって、品揃えについては、自信があった。

ロシア輸出の第一便は、二〇〇七年六月。永島青果が集荷しコンテナの通関まで立ち会い、エル・アイ・ビーが輸出業務を手掛けるという形を取り、中古車と同じ船で輸出された。第一回目は、島根県益田産のメロン、デラウェアをはじめ、じゃがいも、にんじん、さつまいも、スイカ、トマト、ハウスミカンなどを輸出。新鮮なこれらの製品がロシアのスーパーに並ぶところまで、永島氏は見届けた。ウラジオストクでの評判は上々であり、第二回目の輸出は八月に実施。より多くの種類で、北海道から九州までの商品を取り揃え、鳥取の二〇世紀梨、青森のりんご、北海道のじゃがいもや玉ねぎなどを主軸に出荷した。

慣れないロシアの商慣習と新たなビジネスチャンス

二度のロシア向け輸出は順調であった。しかし、三回目と四回目の輸出は困難が続いた。三回目となった一〇月の輸出は、ウラジオストク内でいつもと異なる貿易港に船を到着させたことが問題となった。通常は商港に到着させていたが、青果物を乗せた中古車船が漁港に到着。中古車輸出には問題ないが、青果物は商港を経由しなければ、ロシア側の商社エーラン社に引き渡せない。エーラン社の管轄外の漁港に永島青果のコンテナが入り、すぐさま永島氏は駆けつけたが、通関に時間を要した上に罰金を科せられることになった。
続く一二月の輸出でも、問題が起こった。荷物のウェイトオーバーで脱税の疑いがかかったのである。中告していた重量と実際の重量の違いが原因であった。梱包の重さを含めていなかった。この時は、通関までに二カ月もかかってしまい、りんご以外の商品が全て駄目になってしまった。罰金と品物の損害を合わせて、一五〇万円を超す損害額となった。

写真3—8　ロシア・ウラジオストクでの商談会

写真提供：狩野孝氏

日本とロシアの商慣習の違いがもたらした出来事といえる。しかし、永島氏は、これにめげずに、ロシア市場での日本産野菜・果物の新たな販路開拓に向けて動き出している。二〇〇八年三月に、ロシア貿易促進プロジェクトでハバロフスク市を訪問し、現地バイヤーに浜田の建材や石州瓦などを売り込んだ。経済成長の著しいロシアでは、住宅建設がブームである。建材の販路拡大を図るために、地元業者七社と行政関係者など二三人が訪問した。今回の訪問は、建材の貿易がメインの企画であったが、永島氏も参加したところ、商談会にはロシアの食品バイヤーも参加しており、日本産野菜に大変に興味が集まっていることを実感したという。商談会に参加していた三社から、すぐにでも日本産野菜が欲しいと注文を受け、今後はウラジオストク港を経由しハバロフスクにまで流通させる予定である。日本産野菜・果物が、浜田港からウラジオストクへ、そしてシベリア鉄道でハバロフスクに運ばれる日も近い。

日本海信金からの出向

永島氏がせがれ塾へ入塾するきっかけになったのは、永島青果の川辺一志・本部長の勧めによる。川辺氏は、二〇〇五年当時、日本海信金江津支店・支店長であった。せがれ塾の一期生として、永島氏を推薦したのであるが、その後、日本海信金を辞めて取引先であった永島青果に身を置くことになった。

日本海信金では、職員の目利き力を養成するために、毎年八〜一〇人を取引先や関連機関に出向させている。出向先は、建設、瓦、水産加工、県の港湾施設、市の観光協会などである。ロシア向け貿易を管轄する浜田港振興会にも出向者がいる。出向は二年間の社内研修制度との位置付けであり、岡田理事長が始めた制度である。出向が終わっても、信金に戻らずに、出向先企業に定着する場合も少なくない。川辺氏のように、取引先に転職するケースもある。

岡田理事長は、「出向が終わっても信金に戻らず、ミイラ取りがミイラになった例もあるが、地域経済の活性化にとっては喜ばしいことである。取引先と信金が一体になって、浜田経済を盛り上げていくことが重要である」と、地域人材交流の必要性を説く。

今後、せがれ塾では、永島氏が団長となって、ロシア訪問を実現させていく構えである。永島氏は、地域活性化のためにも、地元の石見空港（益田市）からハバロフスクへチャーター便を出すことを提案している。現在、ウラジオストクやハバロフスクには、新潟経由で訪問しているが、費用も時間も要する。利用客が減少している石見空港を活用すれば、ロシアからの訪問客も招き入れることができる。「単に自社のビジネスを追求するだけでなく、常に地元経済のためを思って動く経営者になって欲しい」という、岡田理事長のせがれ塾にかける想いは、塾生たちに着実に伝わっている。

せがれ塾の輪

せがれ塾を通して、共同でビジネスを展開する例も増えてきた。塾の最終会で発表する中期経営計画を具体化し、塾生同士が連携しながら、ビジネス化した例がある。贈答品を扱う岩多屋が保有する老朽化していた家具センターを取り壊し、テナントビルに建て替え、そこに食品スーパーの一番街が入居した。もともと一番街は駅前商店街に立地していたが、手狭でもあり、こちらも老朽化が目立っていた。岩多屋の家具センターは元々が不採算部門であったことから、それを有効活用した形である。これらの話はせがれ塾一期生であった後継者同士で進められた。モダンなスーパーに建て替えられ、集客力もアップしている。せがれ塾でのつながりが、地域経済の再生に一役を買ったということになる。

他にも小さいながらも連携の例がいくつかある。永島青果の対ロシア輸出品に、同じせがれ塾一期生であった石見食品が調達するおかきやせんべいなども一緒に輸出された。また、同じく一期生であったクボタ牛乳と永島青果が共同して、地元病院向けに食材を供給している。

対ロシア貿易だけでなく、地域内での共同ビジネスも、塾生同士で進められている。せがれ塾をきっかけにこうした動きが次々に生まれ、地域経済に少しでも役立とうとする若い世代の台頭に、明るい兆しも見え始めてきた。

4　地域密着型の信用金庫として

岡田氏が理事長に就任した二〇〇一年当時は、現在よりも浜田の景気は悪かった。地元の有力企業であった生コン会社、建材会社、鉄鋼会社、スキー場経営会社などが倒産に直面し、身売りするなどして何とか建て直しを図ってきた。日本海信金の不良債権比率が最も悪化したのは、その頃である。二〇〇一年度にはこうした大型倒産が相次ぎ、不良債権比率は一七・五％にまで膨らんだ。その後、大幅な引当金を積んで、赤字決算を計上しながら、二〇〇七年度には一〇・一五％にまで改善させた。その後も、道の駅やビジネスホテル、温泉などの再生事業を手掛けてきた。

再生事業にこだわるのは、地域金融機関として、地域経済への悪影響を阻止せんがためである。岡田理事長が舵を切り、地元企業が自己破産や民事再生に陥らないように、投資ファンドなどを活用して経営委譲していく方法で何とかしのいできた。このように、不良債権処理の手法を駆使し、地域内での大型の経営破たんを回避することは、浜田のような小都市の地域金融機関の使命であろう。経済規模が小さな圏域では、不良債権は「企業の顔が見える債権」ともいえる。見捨てずにその痛みを分かちあい、将来の再生に向けて両者が向き合う。企業と金融機関の密接さが、ますます重要となっている。

島根県の地域金融としては、ガリバーの山陰合同銀行が存在するが、企業はリスク分散し、信金へのニーズも高い。「中小零細企業を丹念にお世話させていただくよりほかかない。地域密着金融で、自分たちでやれる範囲でやっていく。一社一社丹念に企業支援していく」と、岡田理事長は話す。

二〇〇七年度から金融庁の監督指針として、地域密着型金融の志向がより一層強くなった。地域金融としてカネを貸すだけでなく、地域再生に信金が手を貸すことが主流になりつつある。「せがれ塾」の展開は、後継者育成を通しての地域再生事業といえる。単なる異業種交流の場ではなく、一丸となってロシア向け輸出に取り組むなど、新たな挑戦を続けている。また、信金側が地元企業と同じ目線を保つために、取引先への出向制度も大きな役割を果たしている。

日本海信用金庫は、「せがれ塾」と「地域企業への出向」との二本立てで、地域人材を育成し、地域経済の活性化につなげようとしている。ロシア向け輸出など、後継者世代が生み出す新たなビジネスチャンスに、地元の期待も高まっているのである。

（1）浜田圏域の地域経済については、島根県『地域経済構造分析（浜田圏域）』二〇〇六年、による。
（2）日本銀行松江支店『山陰の金融経済動向』二〇〇八年四月一日公表分。
（3）『山陰中央新報』二〇〇八年一月一六日。
（4）浜田港貿易については、浜田港振興会提供資料による。
（5）永島青果については、「関満博が行くイマドキの事業継承第七回永島青果」（『日経ベンチャー』二〇〇七年一一月号）を参照されたい。

第四章　能登半島地震を乗り越えて
――のと共栄信用金庫（石川県七尾市）

鈴木眞人

能登半島は、二〇〇七年三月二五日、に震度六強の能登半島地震に遭遇した。能登半島の中心、石川県七尾市に本店を置くのと共栄信用金庫（以下、のとしん）の営業エリアが大きな被害を蒙った。「地域社会の一員であること」を企業存立の原点として捉え、地域貢献活動に積極的に取り組んでいるのとしんは、地域の復興への取り組みが本当に必要とされたこのような場面で、それまで培ってきた地域との関係を活かし、さまざまな取り組みを重ねている。半島地域という条件不利地域にあって、リレーションシップ・バンキング（リレバン）を実践するのとしんの地域貢献活動についてご紹介したい。

1　「のとしん」の考える地域振興とは

のとしんと能登地域

能登地域は、日本海に突き出ている能登半島の大部分を占め、半島の先端に位置する輪島市、珠洲市、鳳珠郡からなる奥能登、七尾市、鹿島郡からなる中能登、羽咋市、羽咋郡からなる口能登に分かれている。二〇〇七年の国勢調査による能登地域の人口は二二万八〇〇〇人で、石川県の人口の一九・三％を占めている。石川県の二〇〇五年の人口は、二〇〇〇年と比較するとマイナス〇・六％の減少に転じているが、能登地域の減少率は四・九％に達するなど、人口減少が著しい。また、高齢化率は三〇・四％に達しており、少子高齢化も相当に進んでいる。

のとしんが本店を置く石川県七尾市の人口は約六万人である。能登半島の中央部に位置し、能登地域最大の都市であり、古代から国府や国分寺の所在する能登国の中心地であった。戦国時代には、畠山氏が七尾城[1]を拠点に勢力を伸張したといわれているが、一五七七（天正五）年には上杉謙信に滅ぼされた。その後、織田信長により、前田利家が能登国を治めることとなり、地域の拠点は金沢へと移された。しかし、前田利家もまず最初は七尾に入城しているなど、当時の能登地域は豊かな先進地域であったことがわかる。その後、地域の拠点が金沢に移ってからも、七尾は北前船の寄港地として栄えるなど、決してさびれたわけではなかったようである。

このような歴史のある地域にあって、のとしんは一九一五年（大正四）年、地元財界の尽力により設立された無限責任七尾興産信用組合を前身とし、創成期の相互扶助の精神を九〇年以上も受け継いできた。のとしんの地域に密着した営業姿勢は、このような歴史と、能登の人は優しいと言われる地域性が育んできたものと思われる。

能登半島地震の発生

のとしんの地域密着の度合いが問われる大事件が発生した。二〇〇七年三月二五日午前九時四一分、石川県輪島市の西南西沖四〇キロを震源とする震度六強（マグニチュード六・九）の能登半島地震が発生したのである。

図4―1　能登地域近郊地図

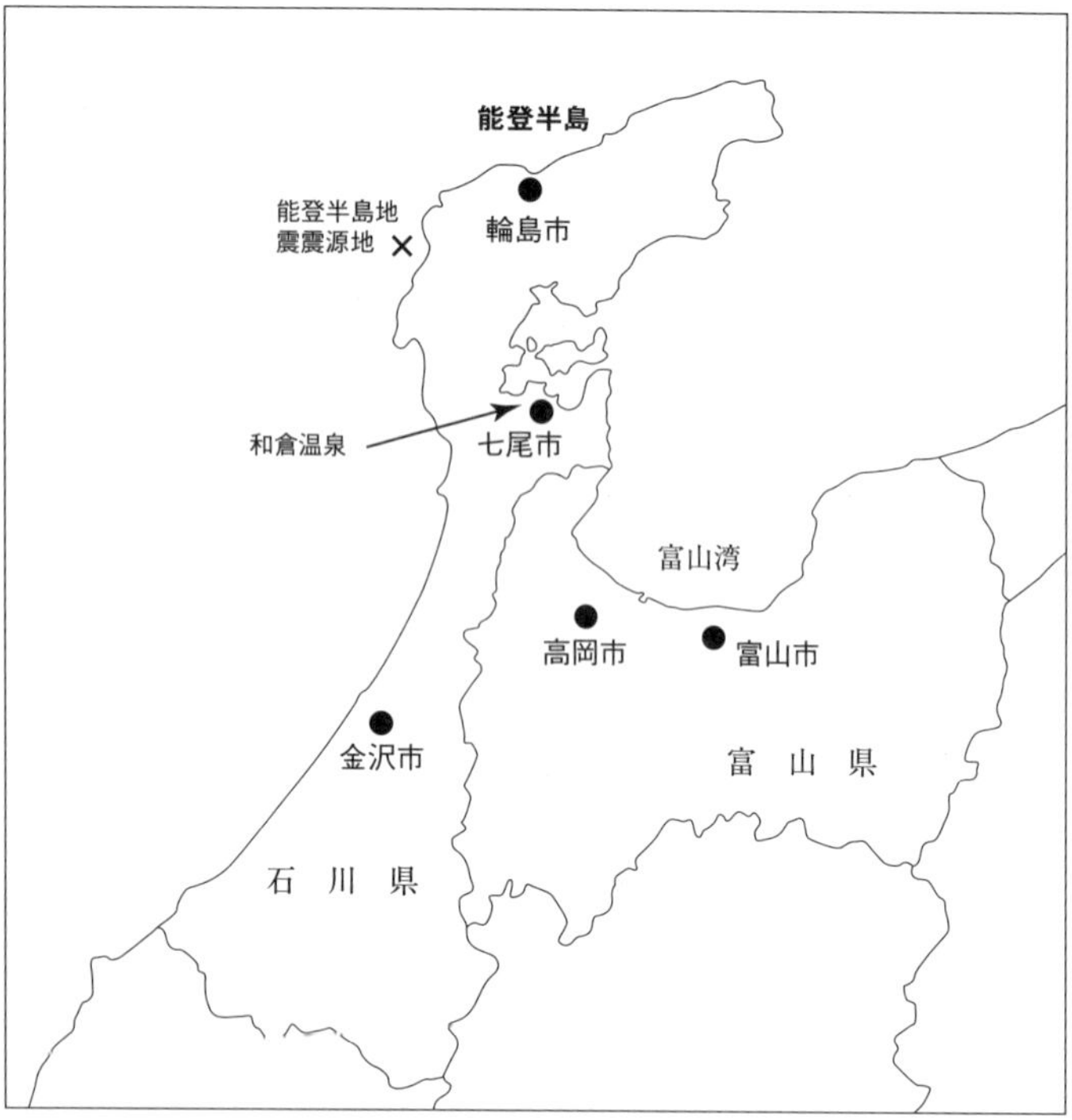

余震も含むこの地震による死傷者は三五九人、全半壊家屋は二四一六棟を数え、能登半島はもとより、石川県を中心とした北陸地方に大きな被害をもたらした。のとしんが本店を構える石川県七尾市も最大震度六強に見舞われたが、本店建物には大きな被害は無く、のとしんでは地震発生直後の一一時には本店内に災害総合対策本部を設置、迅速に地震発生後の各種対応・処理を開始している。

地震発生が日曜日であったことから、従業員の安否確認から始め、従業員が集まりだすと、順次、顧客の安否確認とお見舞いへと向かっていった。営業可能な各店舗では、地震発生の翌日の月曜日には通帳などを失くしてしまった預金者等に対する被災者窓口を設置、また、営業担当者は取引先の被害状況の確認のために被災地域を駆け巡った。そして、三月二八日には復興支援のための緊急特別融資も開始している。

これらの活動を順次記述すると、地域の金融機関として、いずれもできて当たり前のことのように思われてしまう。本店が機能する状態にあり、幸いにも役職員に大きな人的被害も無かったという状況ではあったが、しかし、突然の大災害に対して、的確、迅速な対応が可能となった背景には、基盤となる普段からの地域との関係があったことも重要な要素のひとつと考えられる。

震災後の最初の週末となった三月三一日から、のとしん職員による被災された家の片付けなどのボランティア活動への参加が始まっている。のとしんでは、普段から職員による草刈り、雪下ろしなど、定期的に地域のボランティア活動を行っており、まず最初に顔見知りの家々での活動が行われた。職員個々人の取り組みに続いて、のとしん全体としてのボランティア活動は四月一〇日から始動している。始まるのがやや遅い感があるが、これは、震災直後には全国から多数のボランティアが詰めかけていて交通渋滞なども発生する状況にあり、無用の混乱を避けるためにこの日から活動を開始したのであった。なおかつ一般ボランティアの少ない平日の参加を呼びかけている。このような地域に対する至極まっとうな気遣いは、地域の事情を良く理解しているからこそのものであろう。

「負けるな！　能登半島」

のとしんにとって能登半島が自分の地域であるという意識は、震災復興に向けたキャンペーンのス

写真４—１　震災復旧に活躍するのとしん職員

写真提供：のと共栄信用金庫

写真４—２　チャリティバザー

写真提供：のと共栄信用金庫

ローガンにも現れている。当初は「頑張れ」を使う案もあったようであるが、結局、「負けるな！　能登半島」になった。被災した当事者側に立って考えると、「頑張れ」ではスローガンにそぐわないという職員の意見が採用されたのである。

そして、能登半島復興応援定期預金「負けるな！　能登半島」は、追加分も含めて八〇億円を集め、当初売り出した五〇億円の〇・二％に当たる一〇〇〇万円が義捐金として石川県に贈られている。他に

表4－1　能登半島地震発生後ののとしんの主な対応

3月
●全営業店に被災者相談窓口を設置
●緊急特別融資の取り扱いを開始
●被災地域でのボランティア活動を開始
4月
●「負けるな！　能登半島～能登半島復興キャンペーン～」の取り組み開始
●能登半島復興応援定期預金「負けるな！　能登半島」を発売（募集総額50億円）
●能登半島復興応援定期預金「負けるな！　能登半島」を追加発売（募集総額30億円）
●能登半島復興支援チャリティバザーを開催
5月
●輪島市に義捐金を贈る
●能登半島復興応援定期預金「負けるな！　能登半島」に係る義捐金を石川県に贈る
●能登半島観光PR事業として、十三信金（大阪市）へ職員2名派遣
●能登半島観光PR事業として、「神戸まつりにおける能登の観光物産展、風評被害払拭キャンペーン」へ職員2名派遣
●北島三郎氏を招き被災地を慰問
6月
●被災者慰安事業「島田洋七氏講演会」開催
●能登半島復興支援基金　設立

も、職員の寄付やチャリティーバザーの収益金などが、被災地に届けられている。

また、五月に七尾市で「北島三郎スペシャルショー」が開催されたが、大林理事長は北島氏のスケジュールの空きを見つけ、被災地の慰問をお願いした。郷里の奥尻町が一九九三年の北海道南西沖地震で被災している北島氏は、喜んで慰問を引き受けてくれたという。演歌の大御所の突然の訪問に地元は大いに盛り上がり、元気づけられたことは言うまでもない。

これらの個々の対応をみても、何かものすごいことをしているわけではないことがわかる。しかし、この北島三郎氏の話は、地域の視点に立って、地域住民の心が元気になるにはどうしたら良いのかを考えて行動していることが伝わってくるエピソードと言えよう。このようなのとしんの能登半島地震の際の主な活動は表4－1のとおりである。そのほかにも、信用金庫

のネットワークを使った呼びかけに応じて、全国の信用金庫が、取引先会の旅行や職員旅行で能登を訪問していることなど含め、実際にはもっと多くの取り組みが日々なされてきているのである。

特に、将来への希望を失いかけた個別の被災者に対して、復興融資などを通じて事業再開に向けた手伝いをしているのは、金融機関ならではの取り組みである。個人の事業者が震災というぎりぎりの状態から立ち直る大変さを考えると、のとしんが普段から地域と培ってきた絆による成果と考えて間違いないのであろう。

2 「のとしん」の概要

二〇〇三年一一月四日、石川県七尾市を中心に能登半島一体を営業エリアとする能登信金と、金沢市に本店基盤を置く共栄信金が対等合併し、能登信金を存続金庫として新金庫のと共栄信金のスタートを切った。

合併時の預金量は、二三四三億円で金沢信金（本店金沢市）についで県内第二位の規模であった。合併により、能登、金沢の両地区で個人向けローンなどの積極的な営業展開を図り、顧客の利便性向上と基盤強化を目指している。二〇〇七年九月末時点の預金残高は二五三五億円、貸出金は一五一四億円（預貸率五九・七％）、自己資本比率は一三・一〇％、不良債権比率六・〇％である。二〇〇八年三月期の最終利益は四億円程度が見込まれており、信金として相応の経営実績を示しているといえよう。店舗は、能登地区に一三店舗一出張所、金沢地区に一五店舗一出張所の計二八店舗二出張所となっている。

金沢地区の店舗数が多いのは、共栄信金との合併のほか、旧石川銀行の店舗も引き継いでいるからである。常勤役職員数は二七七人であり、合併時から約七〇人の人員減を行うなど経営努力の跡がうかがえる。

シンボルマーク

能登信金の創立八〇周年にサブマークとして取り入れた「にんじん」を、合併と同時にシンボルマークとして制定した。「どうして『にんじん』がシンボルマークなのですか？　何かこの地域に関係があるのですか？」と大林重治理事長にお尋ねしたところ、「今、ご質問があったように、お客様にのとしんについて興味を持っていただくため、このようなシンボルマークを制定したのです」との答えが返ってきた。人を食ったような話ではあるが、多くの人にのとしんを知ってもらいたいというその意図するところは理解できる。

　シンボルマークであるから、のとしんのそこかしこに「にんじん」を見かける。職員にとって、初対面の話のきっかけづくりにはもってこいであったろう。しかし、二回目は？　と考えると、のとしんに興味を持った相手をそらさない努力が求められるに違いないのである。大林理事長には、そこまで語っていただけなかったが、震災での職員の方々の奮闘ぶりをみると、理事長の意図は十分達成されているようにみえる。

図4―2　のとしんのシンボルマーク「にんじん」

写真4―3　谷本正憲石川県知事に義援金を贈る大林重治理事長

写真提供：のと共栄信用金庫

「虫の目」と「鳥の目」

大林理事長は、地域金融機関として生き残っていくためには、周囲の些細なことも見逃さない観察力を持った「虫の目」と、地域や業界の流れを俯瞰できる広い視野を持った「鳥の目」の複眼でいることが大切と説く。その両方の目で見たとき、地域社会の一員であるのとしんがすべきことは、まず、地域の歴史や自然を守っていくことであり、それが、自分たちの役割と認識している。

残していかなくてはならない地域の芸能や伝承、能登ならではのもの、例えば、安土桃山時代の画家長谷川等伯、日本の漆器を代表する輪島塗、毎年一〇万人以上の人出がある七尾のでか山青柏祭など、多くの地域資源が能登には存在しているのである。人口減少による人材難に対応し、自金庫の職員のレベルアップはもちろんのこと、学生のレベルを上げて企業進出の機会を作ることが必要な現状にあって、このような誇るべき地域の歴史をしっかりと子供たちに伝えることが重要であると考えている。このような考え方がさまざまな地域貢献活動につながり、結局のところのとしんを支えることになる。

3　のとしんの地域貢献活動

子育て支援活動

のとしんの代表的な地域貢献活動についてみてみよう。まずは、子育て支援活動である。能登半島地域は、ご多分にもれず少子高齢化と人口減少が急速に進んでおり、のとしんではこのような地域の現状に対し、子育て支援活動を活発に行っている

次の時代の社会を担う子どもが健やかに生まれ、育成される環境の整備を目的とした次世代育成支援対策推進法が二〇〇三年七月に成立しており、これの都道府県計画として、石川県は二〇〇五年に「いしかわエンゼルプラン２００５」を発表した。のとしんでは県の施策に追随する形で、子供が三人以上いる家庭の金利優遇策[2]を柱とする「のとしんエンゼルプラン」を策定し、地域社会の少子化対策支援活動を実施している。その他、小学校就学前の子を有する職員のための所定外労働をさせない制度を導入しており、県が提唱する毎月一九日の「県民育児の日」を「家族団らんの日」と定め、毎週水曜日とともに「ノー残業デー」としている。また、子どもの数が多い職員の手当や福利厚生の充実を図り、三人目の子供から家族手当及び出産祝金を増額、男性の育児休業取得者（二〇〇六年度、二〇〇七年度に各一人）といった取り組みを行っている。これらの取り組みや活動実績が評価され、のとしんは二〇〇六年度の石川県ワークライフバランス企業知事表彰を受けている。

他にも、石川県が創設した「ふるさといしかわ子育て応援ファンド」に賛同した定期預金「だんらん

500」を取り扱い、寄付対象募集総額五〇億円の〇・〇五％を子育てにやさしい企業推進協議会へ寄付しているほか、二〇〇八年一月からは、のとしんエンゼルプランの一環として、子育て家族に対する振込み手数料の免除制度も始めている。

また、のとしんNAC（Nice Angel Center）を設立し、地域での男女の出会いの機会の演出や結婚に関する情報サービス提供を行っている。

地域の人材育成

次に地域の人材育成である。二〇〇四年五月から開始された「のとしんビジネスクラブ」は、二〇〇七年三月に第一期生が卒業し、現在七六人が在籍中である。「元気」「稼業」「実践」がコンセプトとなっており、地域を動かす原動力のひとつとなるよう、オーナー系中小企業の二世経営者、後継者および経営幹部を対象として開催されている。

その目的としては、①若手経営者や後継者に本格的なマネジメント学習の提供、②経営能力の向上や地域の人的ネットワークの拡大の支援、③二世経営者との接点を深め、企業の取引関係の持続発展性を図る、の三点が掲げられており、従来のセミナー等にありがちであった親睦会的な色合いとは一線を画し、本格的な勉強会としている。毎月一回開講し、三年間の間に財務などの基礎学習から始めて、さらにそれぞれの業種や業態に応じた実践的な学習に進み、最終的には自社にフィードバックできる学習内容を目指している。

今のところ受講生の意欲も旺盛であり、ここで学んだ地域の若手経営者の、今後の大きな飛躍が期待されている。

のとしんを鍛える～学習する企業文化の醸成

もうひとつ、のとしん自身の取り組みとしては、従業員で「のとしんボランティアアーズ」というボランティア組織を持っており、毎月一七日は、始業前の早朝一時間を使って、草刈り、老人ホームの窓拭き、通学路の交通安全などに取り組んでいる。先に述べたとおり、普段のこのような取り組みが、震災時に役立っている。

写真4―4　のとしんボランティアアーズ

写真提供：のと共栄信用金庫

また、自金庫内の人材育成にも力を入れており、学習する企業文化を醸成すべく、多くの取り組みを重ねている。一九九五年から始まった「のとしんカレッジ」では、新しい時代に逞しく生き残っていくことの出来る企業集団を目指して、融資に強い人材づくりを行うべく、毎年十数人が融資判断能力やコンサルティング能力の養成のための勉強をしている。二〇〇七年度までの受講者は一四六人に及んでいる。

自立型人材育成のプログラム「チャレンジ・マルコポーロ」は、国内の他の信用金庫などを一人で訪問し、その結果について発表するプログラムであり、七万円を上限に三日分の宿泊費や交通費を支給している。これまで、計七回実施され、六三人がチャレンジしている。

より実践的な力を身につけるための「百錬塾」という制度もある。これは、実際の取引先から対象先を抽出し、その先をケース・スタディとして、徹底的に支援方策を分析するものである。月二回のグループ討論を行い、いわば「目利き力」の向上に取り組んでいる。この結果を取引先に持ち込んで、対象先がランクアップするケースも出てきている。

このような取り組みが、能登半島地震の復興に当たって、職員がそれぞれの判断に応じて活動できているその原動力となっていると考えられる。

4　地域の未来に向かって

リレバンの本質

のとしんの地盤である能登半島は、典型的な条件不利地域であり、最近の地域経済の低迷の影響をもろに受けており、人口減少、高齢化も止まらない。そのような状況に加え、今回、大きな震災にも遭遇し、地域経済は大きな打撃を受けた。にもかかわらず、のとしんはここ三年間、預金量、貸出金額ともに少しずつではあるが伸ばしてきている。二〇〇七年九月期末の貸出金額は一五一四億円と一年前に比較して五・八％増えている一方、不良債権比率は、二〇〇六年九月期末の六・〇四％から二〇〇七年九月期末の六・〇〇％へとほとんど変化がない。単体自己資本比率（国内基準）は一三・一〇％と基準値四％の三倍以上を確保している。このようなデータを見る限り、大変な経営努力を行っており、のとしんの奮闘ぶりをうかがい知ることができる。「地方の景気は悪いし、最近の地域金融機関の経営は大変でしょう」と十把一絡げに見ることはせずに、地域における努力は正当に評価しなくてはいけないのである。

地域経済が低迷している中では、地域金融機関の経営の舵取りは極めて難しいバランスを求められている。経営基盤の脆弱な中小企業が顧客であり、貸出金額を増やそうとして貸付審査が甘くなれば、当然、不良債権は増加する。しかし、一方で、自らの経営への影響ばかり考えて貸付審査を保守的にすれば、地域への資金供給を絞ることにつながり、今度は地域経済に悪影響を及ぼし、結局自分の首を絞めることになってしまう。地域の企業を励ましながら、かといって無理をさせずに、親身になって面倒を見ていくことが求められるのである。のとしんは、地域の一員として地域の事情に精通しているからこそ、小回りを利かせて、肌理の細かい営業活動を行い、そこから生まれる信頼感がこのような経営成績を収めることにつながっているのであろう。このような活動がリレバンそのものと言うべきであろう。

少子高齢化が進み、人口減少が著しく、観光地として輪島や和倉温泉もあるが、決して産業に恵まれているわけではない能登半島地域において、地域金融機関の経営を成り立たせることの大変さは、もっと考慮されるべきである。しかし、そのようなハンデを乗り越えて結果を出し続けているのは、地域に対する想いと、将来へ希望がベースにあり、そこから生まれる途切れることの無いさまざまな地域振興につながるアイデアと、そのアイデアを実現する行動力があるからなのであろう。

地域の未来に向かって

一九八九年に開業した七尾フィッシャーマンズ・ワーフ（能登食祭市場）は、能登の新鮮な食材が手に入るほか、グルメ館、能登祭歳時館、研修室、ホールなどを備える地域観光の情報発信拠点施設でもある。七尾市の姉妹都市であるアメリカ・カリフォルニア州のモントレー市のフィッシャーマンズ・ワーフを参考にして建設され、モントレーの名を冠した夏のJAZZフェスティバルには、固定ファンも多く訪れる。このような第三セクターが運営し、開業後二〇年近くたっても賑わいの絶えないこの地域のプロジェクトを、もちろんのとしんは応援している。のとしんは、開業前から二〇年以上、毎年のように行われている地域主催のモントレーへの視察団等に、毎回数人の職員を派遣し続けている。開業前や開業当初に視察に行く話しはよく聞くが、これほど視察を連続している例はあまり聞かない。のとしんの多く年代の職員が、モントレーを良く知っているのである。これも地域社会の一員としての行動であろう。

現七尾市中島町（旧中島町）にある能登演劇堂は、舞台の背面が大きく開き、外の自然を取り入れてホールの中と外とが一体となった空間となるユニークな施設として有名である。俳優の仲代達矢氏と無名塾との交流から生まれたホールであり、地域の貴重な財産である。大林理事長は、このような施設をもっと広く世の中に知ってもらうにどうすればよいか、また、地域の住民、特に子供たちにもっと活用してもらうにどうしたらよいかを考えていきたいという。行政の財源が乏しい中、そのような活動を活発に行っていくには、民間が中心になる必要があるという発想である。

のとしんは「地域社会の一員として」能登の歴史や自然を守っていくことの大切さを実感していると

いう。輪島塗が今に伝わっているのは、地域がこれを残してきたからであり、時代による浮き沈みもあった。地域の良さをもっと子供たちに理解して欲しいと考えている。地域の文化度の高さが人を育て、人材の質を向上させることで、地域の産業振興につながっていくのである。そして、産業があるところには人口が存在する。

のとしんの、このような視点からの活動の積み重ねが花開き、地域の未来に繋がることを期待したい。

(1) 春日山城などと並んで戦国期の五大山城のひとつといわれ、上杉謙信の攻勢を一年余りしのいだ。
(2) 同居または扶養する子供が三人以上の親に対する金利優遇。

●ローン金利の優遇　住宅ローン（マイナス〇・二%）、カーライフプラン、教育ローン（マイナス〇・三%）、ブライダルローン、まごころローン（マイナス〇・三%）

●預金金利優遇定期預金「子宝1000」　スーパー定期店頭表示金利に対して、子供三人：＋〇・三%、子供四人：＋〇・四%、子供五人以上：＋〇・五%

【参考文献】

●のと共栄信用金庫『REPORT 2007　のとしん』
●のと共栄信用金庫『半期開示レポート　のとしん』
●のと共栄信用金庫ホームページ（http://www.notoshin.co.jp/）

Ⅱ　中都市（県庁所在地）の信用金庫

第五章　会員組織を基礎とした地域貢献
——長野信用金庫（長野県長野市）

大平修司

日本全国で信用金庫の合併が相次いでいる。中には、都道府県内に一つの信用金庫しか存在しなくなったところもある。しかし、長野県の近年の合併は、二〇〇三年に合併した旧赤穂信用金庫と旧伊那信用金庫によるアルプス中央信用金庫の僅か一件にしかすぎない。長野県内で信用金庫の合併が少ないのは、地理的な特徴もその一つの理由であろう。長野県はその大半が山間部である。長野県内は平野が少なく、ある平野から別の平野へ移動するには必ず山を越えなくてはならない。そのような理由もあり、長野県内には一つの平野の中心都市に一つの信用金庫が存在する。長野県には、長野信用金庫、松本信用金庫、上田信用金庫、諏訪信用金庫、飯田信用金庫、アルプス中央信用金庫の六つの信用金庫が存在し、それぞれ営業エリアが山で区分されている。その中で、最大の規模を誇っているのが長野信用金庫である。本章では、まず長野信用金庫の現状を概観する。次に長野信用金庫が行っている様々な地域貢献を概観し、その中でも会員組織を通じた地域貢献について検討する。最後に、長野信用金庫の地域貢献の今後の方向性について議論する。

1　長野県北信地域に根ざした金融機関

表5—1　長野県の金融機関の比較（2007年3月現在）

区分	金融機関名	金融機関コード番号	本店所在地	店舗数	預金（億円）	貸出金（億円）	自己資本比率（%）
地方銀行	八十二銀行	143	長野市	156	52,044	39,863	13.49
第二地方銀行	長野銀行	533	松本市	58	8,284	6,411	9.12
信用金庫	長野信用金庫	1390	長野市	41	6,455	3,198	21.53
	松本信用金庫	1391	松本市	28	3,108	1,695	13.65
	上田信用金庫	1392	上田市	23	2,153	1,202	19.31
	諏訪信用金庫	1393	岡谷市	24	3,030	1,514	19.91
	飯田信用金庫	1394	飯田市	24	4,070	2,513	17.8
	アルプス中央信用金庫	1396	伊那市	23	2,794	1,509	10.78
信用組合	長野県信用組合	2390	長野市	52	6,354	2,547	16.82
	あすなろ信用組合	2396	松本市	6	367	303	5.02

資料：金融庁ホームページ（http://www.fsa.go.jp/index.html）より、著者が加筆・修正。

長野信用金庫の地域貢献について述べる前に、長野信用金庫が長野県内の金融機関の中で、どのような特徴を持っているのかを述べる。

長野県第三の規模の金融機関

長野県には、一〇の金融機関がある。地方銀行は八十二銀行と長野銀行、信用組合は長野県信用組合とあすなろ信用組合、信用金庫は前述した六つである。その中で、長野信用金庫の預金は六四五五億円、貸出金が三一九八億円であり、県内上位三位の金融機関である（表5—1）。

長野信用金庫は、一九一二（明治四五）年七月に産業組合法による「有限責任長野市庶民信用組合」として設立され、同年九月より長野市若松町の旧長野市役所内で業務を開始した（表5—2）。その後、一九四三（昭和一八）年には、市街地信用組合法による市街地信用組合に改組し、本店事務所を長野市大門町（現在の大門町支店）に移転した。現在の名

表5―2　長野信用金庫の歴史

年	内　　容
1912	産業組合法による「有限責任長野市庶民信用組合」設立 業務開始（長野市若松町の旧長野市役所内）
1913	本店事務所を長野市東町 149–4 に移転
1914	石堂出張所開設（当金庫最初の支店、現在の石堂支店）
1943	市街地信用組合法による市街地信用組合に改組 本店事務所を長野市大門町 542–1（現在の大門町支店）に移転
1948	「長野信用組合」に名称変更
1951	信用金庫法制定により改組、「長野信用金庫」となる
1952	篠ノ井信用組合の事業の全部を譲受、篠ノ井支店とする
1960	会員 10,000 人となる
1962	創業 40 周を機に本店を新築（現在の大門町支店）
1977	出資金 10 億円となる
1978	本店を現在地に新築移転
1984	（株）しんきんサービス（子会社）設立
1987	長野しんきんビジネスクラブ「NBC」発足
1988	会員 50,000 人、出資金 21 億円となる
1996	若手経営者の会「NYCE（ナイス）」発足
2001	ATM の 365 日稼働開始 郵便貯金との ATM 相互接続開始
2002	上田商工信用組合の事業の一部を譲受
2003	「ISO 14001」の認証取得 アイワイバンク銀行（現セブン銀行）との ATM 提携を開始
2004	「しんきんローンセンター」を本店内に新設

資料：『SINKIN REPORT 2007 長野信用金庫の現状』27 ページ、および長野信用金庫のホームページ（http://www.shinkin.co.jp/nagano/index.html）より主な事項を掲載。

称になったのは、信用金庫法が制定された一九五一年である。長野信用金庫は日本の経済成長と歩調を合わせるように、順調に規模を拡大していった。一九五二年には篠ノ井信用組合の事業すべてを、二〇〇二年には上田商工信用組合の一部を譲り受けた。一九六〇年には会員が一万人を、一九八八年には五万人を超えた。二〇〇七年三月末現在、会員数は六万二一三四人であり、出資金は二六億五七〇〇万円となっている。

写真５―１　長野信用金庫本店

長野県の北信地域に事業展開

長野信用金庫が活動しているエリアは、県北西部の長野市を中心とした北信地域である。具体的には須坂市、中野市、飯山市、千曲市、埴科郡《はにしな》（坂城町《さかき》）、上高井郡（小布施町・高山村）、下高井郡（山ノ内村・木島平村・野沢温泉村）、上水内郡《うえみずうち》（飯縄町《いいづな》・信濃町・信州新町・小川村・中条村）となっている。このエリアで営業をしている金融機関には、八十二銀行、長野銀行、長野県信用組合がある。長野県内の信用金庫の中では、長野信用金庫は営業エリアの広い信用金庫である。

このエリアをカバーするために、長野信用金庫は県内の信用金庫では最も多い四一店舗を展開している。また、店舗以外にＡＴＭを三〇カ所に設置している。特に長野信用金庫は、預金高が第二地方銀行である長野銀行に次ぐ規模である。また、長野県信用組合と預金高・貸出金はほぼ同額である。長野銀行と長野県信用組合はともに、長野県全体を対象として活動をしているのに対して、長野信用金庫は北信地域に活動を限定している。このような活動エリアと預金高・貸出金の額を考えると、長野信用金庫がいかに北信地域に密着した金融機関であるかがわかるだろう。

2　本業を通じての地域貢献

長野信用金庫は、協同組合組織であり、融資は会員に限定される一方で、預金は信用組合と違い、限定を受けない。制度上は、長野信用金庫は松本市などの中信地域や飯田市などの南信地域、上田市などの東信地域から預金者を募ることができる。しかし、長野県の信用金庫は地理的に上手く活動エリアが分割されていることから、それらエリアでの活動は行っていない。東京都など、都市圏の信用金庫となると、営業エリアがすぐ隣ということもあり、その範囲が曖昧になり、信用組合や地方銀行、都市銀行との顧客獲得競争をしなくてはならない。しかし、長野信用金庫は大都市の信用金庫とは違い、そのような競争にそれほど力を割く必要がない。つまり、長野信用金庫は、本当の意味で地域に密着した金融機関なのである。このように長野信用金庫が地域に密着した金融機関であることは、長野信用金庫が取り扱っている金融商品を見ると、よくわかる。

融資を通じての地域貢献

表5—3　地域貢献の金融サービス

種類	特色・資金使途	融資金額	返済期間	返済方法	担保・保証人
しんきんリフォームローン	家屋の増改築やキッチン，浴室，トイレ工事などの住宅リフォーム資金	1千万円以上	15年以内	元利(元金)均等返済	しんきん保証基金保証
介護ローン	介護が必要な高齢者または障害者の日常生活上の便宜を図るために必要な機器の購入・設置資金	5百万円以内	8年以内	元利(元金)均等返済	しんきん保証基金保証
シルバーローン	公的年金を当金庫で受給しているか，当金庫に振込指定した人を対象	年間受給額もしくは1百万円（いずれか低い額以内）	5年以内	元利(元金)均等返済	しんきん保証基金保証
介護関連ニュービジネス支援資金	介護業務に関連する資金	2千万円以内	5年以内	割賦返済	担保：不動産または長野県信用保証協会の保証

資料：『SINKIN REPORT 2007 長野信用金庫の現況』33～34ページから著者が作成。

長野県は人口の高齢化が進んだ県である。二〇〇四年の高齢化率の全国平均が一九・五％である中、長野県は二三・二％であり、全国的にも高齢化が進んだ県の一つである（平成一七年度版『高齢社会白書』）。高齢化率が高いということは、多くの高齢者が長野県に住んでおり、それだけ介護保険サービスを利用する高齢者が多く、同時にそれを提供する事業者も多いことを意味する。このような長野県の現状を踏まえ、長野信用金庫は個人向け融資として、「しんきんリフォームローン」と「介護ローン」「シルバーローン」を、事業者向け融資として、「介護関連ニュービジネス支援資金」を扱っている（表5—3）。

個人向け融資のうち、介護ローンとシルバーローンは、高齢者に限定された融資である。一方、しんきんリフォームローンはそのターゲットが高齢者に限定されたものではない。高齢化が進むとそれまでの自宅の造りから、バリアフリー住宅へリフォームせざるを得なくなる。すでに住宅がバリアフリーになっていれば、リフォームをする必要はない。しかし、すべての住宅がそういうわけではない。特に長野県は伝統的な日本家屋に暮らす人も多い。そのような住宅は、当然のことながら、段差のある伝統的な造りとなっており、介護が必要になった高齢者が、とくに車いす等を利用するのに支障をきたしてしまう。そのような人たちが利用するのが、このしんきんリフォームローンである。つまり、この融資は、長野県内の県民にとっては、介護が必要になった高齢者の生活をサポートするための融資として機能しているのである。このようなケースを見ると、改めて、長野県の高齢化の状態と、高齢者が暮らす家屋の現状が見えてくる。

そして、事業者向け融資である介護関連ニュービジネス支援資金も、高齢化率の高い長野県の現況を反映した商品である。二〇〇〇年に介護保険法が施行されたことに伴い、企業や非営利組織（NPO法人・医療法人）の多くが介護サービス事業に参入した。中でも、NPO法人の大半は高齢者福祉関連サービスを提供している（内閣府ホームページ）。高齢者はこれからも増加の一途を辿ることが予測されている。実際、介護サービスの中の施設サービスは、需要に供給が追いついていない。つまり、長野信用金庫は、これからさらに需要が増える高齢者介護サービスを資金の面から、組織の立ち上げをバックアップしているのである。

経済情報誌『すかい』の発行

長野信用金庫は、北信地域の経済動向についての身近な情報誌として『すかい』を発行している。『すかい』は二〇〇八年一月で第四二五号が発行され、およそ三五年前から、毎月発行され続けている。

例えば、第四二五号では、事業者に対して、二六一社を対象とした、第一三〇回景況アンケート調査を基に北信地域の業況見込みを掲載している。また、一般顧客に対しても本支店窓口で二九四人を対象に行った収入見込み調査も掲載している。このように、長野信用金庫は事業者だけでなく、一般顧客に対しても、北信地域の経済情報を提供しているのである。

他の信用金庫と協働した県民球団の支援

二〇〇七年に北信越ＢＣ（ベースボール・チャレンジ）リーグが開幕した。このリーグには、長野県の県民球団である「信濃グランセローズ」が参加している。それ以外にも、石川県からは「石川ミリオンスターズ」、富山県からは「富山サンダーバーズ」、新潟県からは「新潟アルビレックス・ベイスボール・クラブ」が参加し、さらに二〇〇八年より福井県の「福井ミラクルエレファンツ」と群馬県の「群馬ダイヤモンドペガサス」がＢＣリーグへの参加を表明している。

長野信用金庫は、長野県内の信用金庫と共に、「しんきんがんばれ信濃グランセローズ応援キャンペーン」を行い、「信濃グランセローズ応援定期預金」という商品を開発した。このような地域の独立リーグは、日本では四国・九州アイランドリーグが

写真５―２　経済情報誌『すかい』

図５—１　信濃グランセローズ応援キャンペーン

先駆けとなった。しかし、現実を見ると、リーグを運営する資金がなかなか確保できないという問題がある。それをサポートするのが、この定期預金の一つの目的であり、預金受入総額の〇・〇一％をしんきんから球団へ寄贈することになっている。ただ、それだけでは、消費者はこのような定期預金を利用しない。そこで、信濃グランセローズが優勝した場合、預入時の金利を一・五倍とした。預入金額は、一口一〇万円から一〇〇〇万円未満となっている。このように長野信用金庫は、地域にできたスポーツチームを他の信用金庫と協働することで、資金面から支えているのである。

3　会員組織を通じての地域貢献

長野信用金庫の強みは会員を組織化し、その組織を地域貢献に役立てている点にある。上述したように、長野信用金庫の会員は二〇〇七年三月現在で六万人を超えている。この会員を長野信用金庫は最大限に生かし、独自の地域貢献を行っている。

会員の組織化：信用会と新寿会

長野信用金庫には、創業当初からの会員組織である「信用会」がある。信用会は各支店ごとに組織され、事業主の顧客にはその社長向けの講演会などを開催してきた。この信用会こそが、長野信用金庫が地域密着型の金融機関として存続していることを可能にしている。信用会の会合は、各支店ごとに異なり、例えば、地元の中小企業の社長のための講演会や勉強会などが開催されている。つまり、長野信用金庫は会員組織を通じて、地元社会にネットワークを形成しているのである。それと同時に、このようなネットワークを長野信用金庫が持つことにより、その支店ごとの金融商品に関するニーズを吸い上げることができる。このような情報があるからこそ、長野信用金庫は地域に根ざした活動ができることになる。

さらに、長野信用金庫には、長野信用金庫で年金を受け取る顧客向けの「新寿会（年金友の会）」（一九七八年発足）も組織されている。この新寿会の会員とは、長野信用金庫は昔ながらの信用金庫の付き合いをしている。例えば、職員が年金の受け渡しに、一人暮らしの会員の家を訪れると、お茶がふるまわれることもある。そこでは当然、職員が会員の高齢者と話をし、様々なコミュニケーションを図っている。このような職員と会員とのコミュニケーションは、会員の高齢者の健康状態など、普段の暮らしを職員が垣間見ることで、地域の高齢者の生活状況、さらには健康状態も把握することができる。そのことから、新寿会はおよそ三万五〇〇〇人の会員数を誇っている。さらに、長野信用金庫と新寿会の会員とのコミュニケーションはこれだけではない。新寿会の会員は、年に一回旅行を行っている。高齢者となると、なかなか旅行に出かける機会が少なくなる。それが特に一人暮らしの高齢者であれば、尚更であろう。そのような高齢者に旅行の機会を提供し、会員同士のコミュニケーションの場を長野信用金庫は提供しているのである。

会員組織を主体とした産業界の地域活性化

信用会をベースとして、発足したのが「長野しんきんビジネスクラブ」と「長野しんきん若手経営者経済研究会」である。これら二つの組織は、信用会なくして存在しなかった。長野信用金庫の職員と信用会の会員とのコミュニケーションから生まれた組織なのである。そのコミュニケーションから導き出された長野県北信地域の課題が、ビジネス・チャンスの創出と次世代の経営者の育成であった。

「長野しんきんビジネスクラブ（通称NBC）」は東京のベンチャー・リンクと提携し、一九八七年に発足した有料の会員組織である。長野県は東京などの首都圏と比べると、ビジネスに関する情報が少ない。そのため、長野信用金庫は、会員となった企業にビジネスに関する情報を提供することを目的としてNBCを組織した。情報提供の方法は、講演会やセミナーを開催することである。この活動はすでに二〇年近く続いている。

そして、金融庁のリレーションシップバンキング後にNBCが主催した最も大規模なイベントが「長野しんきんビジネスフェア」である。「長野しんきんビジネスフェア」は二〇〇四年一月に第一回が開催され、その後、年一回開催されている。このイベントは、経営者のためのビジネス商談会であり、取引先・非取引先問わず、およそ二〇〇社が出展をし、三〇〇社が参加をしている。そこには「企業専用ブース」「展示パネル付き商談スペース」「産学官相談コーナー」などが設けられており、長野信用金庫がビジネス・マッチングの場を提供している。

写真5—3　長野しんきんビジネスフォア

このイベントの成果は、二〇〇六年には来場企業数二一〇社、商談件数一三七件、成約件数一六件であった。

「長野しんきん若手経営者経済研究会（通称NYCE）」は、四五歳以下の若手経営者の育成を意図し、一九九六年に発足した組織である。この組織は上述のNBCから派生した組織であり、NBC会員の次世代の経営者育成を目的としている。NYCEの会員は、現在六〇〇人程度である。NYCEでは、セミナーや研修、交流会などを月一回開催し、経営者同士の人脈作りなどに役立っている。具体的には、ここ近年のものとして、㈱たなべ経営の後援で二〇〇六年に「実践『企業経営者育成塾』」が開催された。この講座では一回で五〇人が参加している。また、この講座の特徴は、株式会社たなべ経営のコンサルタントを講師として、年五回研修を行い、その研修後に会員の個別相談を行っているという点である。

このようなイベントが開催できるのも、もともとは信用会が存在していたからであり、それがNBCとなり、さらにはNYCEと拡大していったのも、長野信用金庫が会員の顧客を大切にし、頻繁にコミュニケーションをとっていたからこそなのである。

4　会員組織の戦略的活用へ

道州制へ向けての会員組織の強化

長野県信用金庫は、協同組合組織という組織特性と長野県の地理的な特性から、これまで営業地域が限定され、競争が無風の状態で活動をしてきた。独占企業のように、対象となる顧客が決まってしまうと、経営が安定してしまい、とかく顧客満足を高めるという意識が薄らいでしまう。しかし、長野信用金庫は会員組織を基礎として、顧客満足を高める活動を継続して行ってきた金融機関なのである。このような長野信用金庫の取り組みの成果は、数字では長野県の金融機関で第三位ということがそれを表しているであろう。それだけではなく、会員にとっては数字では測りきれないものがあるだろう。

しかし、長野県の金融業界にも競争という風が吹き始めようとしている。道州制の導入を睨み、すでに他県の金融機関が長野県に進出し始めている。その代表が群馬銀行である。すでに群馬銀行は、上田市に支店を設けている。今までと同じことをし続けていれば、他の金融機関との競争に敗れてしまう懸念もある。この点、長野信用金庫には、創業当時からの信用会という会員組織がある。この会員組織との結びつきをより強固なものとし、大規模金融機関との競争にさらされた際には、そのネットワークを利用して、さらにそれを拡大するための施策を今から練っておくことは、長野信用金金庫にとって将来の備えとなるであろう。

会員組織の拡大へ向けて

長野信用金庫にとって、信用会や新寿会といった会員組織を地域貢献だけでなく、本来の事業にも結びつけ、戦略的に活用することは、長野信用金庫の将来像を描く上で欠かすことができない。そのためには、会員組織を強化するだけではなく、その拡大を図ることも長野信用金庫にとっては、将来の強みを構築することにつながるであろう。

そして、会員組織の拡大を図るためには、以下の方法があるだろう。一つは長野県内の他の信用金庫にも、同様な会員組織が存在しており、それら組織との交流を図ることで、ネットワークを拡大することである。これは具体的には、長野信用金庫が長野県内にある松本信用金庫や諏訪信用金庫などの会員組織間のネットワークを形成することである。これにより、各信用金庫の持つ会員組織は長野県内を網羅できることとなる。そのネットワークの中で、会員は自分の所属する信用金庫と他の信用金庫との比較を行い、その会員の所属する信用金庫にはない、他の信用金庫で提供されている金融商品やサービスに関する情報を所属する信用金庫に提案することが可能となる。これによって、信用金庫は新たな商品やサービスの開発をすることができるのであろう。

もう一つの方法は、信用会は新寿会という会員組織だけでなく、他の会員組織を創設することである。これについては、例えば、長野信用金庫では、古くは信用会の婦人会が存在していた。このように、信用会のメンバーを年齢で分け、それを年代ごとの組織とすれば、会員組織がさらに強化できるであろう。信用会は会員の中でも、中小企業の社長クラスがその中心的なメンバーとなっている。確かに、このようなメンバーの意見を信用金庫の運営に役立てることは必要なことである。しかし、信用会のメンバーには、それ以外のメンバーも多く属している。そのようなメンバーも信用金庫にとって、大切な顧客なのであり、そのメンバーを信用金庫がマネジメントしていくことも今後の地域貢献、さらには競争戦略上の鍵となるであろう。

【参考文献・URL】

『SINKIN REPORT 2007　長野信用金庫の現状』二〇〇七年
内閣府『平成一七年度版高齢社会白書』二〇〇六年
長野信用金庫『すかい』第四二五号
長野信用金庫（http://www.shinkin.co.jp/nagano/index.html）
金融庁（http://www.fsa.go.jp/）

第六章　ビジネスマッチングと「産金学・産金官連携」への取り組み
――おかやま信用金庫（岡山県岡山市）

遠山　浩

おかやま信金は、岡山市とその南側に位置する玉野市を主要な営業地域とする地元唯一の信用金庫である。[1]

中国地方の主要都市で人口七〇万人を擁する岡山市は、第三次産業の比率が高い都市型の産業構造を持つ一方で、繊維産業、食品加工業、機械加工業、建設業等といった第二次産業も盛んな地域である。また、玉野市は三井造船の企業城下町として発展してきた経緯もあり、その関連の中小製造業が活躍している。こうした地域の企業を支えるべく多くの金融機関が活動している。おかやま信金の他にも地元の地銀・第二地銀である中国銀行・トマト銀行が複数の店舗を構え、近隣県の地銀・第二地銀七行、[2]近接市の信金、そしてメガバンク三行[3]が店舗を構えている。各金融機関共に中小企業向けの融資案件開拓は重点課題であり、岡山・玉野でも熾烈な競争が繰り広げられている。

その中で、おかやま信金は資金量四五八六億円、貸出金二四九三億円と小ぶりな金融機関である。預貸率を見ても五四％と高くないが、地元に密着した展開を徹底することで企業や住民に応え、金融機関間の競争に勝ち抜く姿勢を示している。そして、おかやま信金の地元密着展開を詳しく見ると、この取り組みは地元と共に長年歩んできた歴史に裏付けられた地に足のついたものであることがわかる。

1 地元と共に歩んだ歴史の重み

おかやま信金は、二〇〇〇年三月に岡山相互信金、岡山信金、玉野信金の三信金が合併し、その翌年二月に岡山市民信金の事業を譲り受け、今日の体制を築いている。この歴史だけを見ると新しく出来た合併信用金庫となるが、そうした理解だけでは実態を見誤ることになる。図6―1に示した合併前の各信金の歴史を振り返ると、おかやま信金の発祥は地元の経済を支える、または地元の特定産業を支える[4]ことを目的に、大正期以降に設立された市街地信用組合の設立に遡る。各金庫はそうした発祥の基盤を土台に事業基盤を広げていくが、昭和期終盤には四信金共に岡山市内に主要な営業拠点を構え、四信金間はもちろんのこと、地銀、第二地銀等との競争が繰り広げられてきたのであった。

おかやま信金の最近の二〇年間の歴史を見ると、バブル期に不良債権を積み上げ体力を消耗したという事実が存在し、それが契機となり四信金が統合され、岡山・玉野を営業地域とする一つの信金として再スタートを切ったことがわかる。しかし、おかやま信金の歴史には百年近い重みがあり、その間、戦時下の統制期のような特異な時期はあるものの、それ以外の大半の期間は地元の経済を担う中小企業に向き合い、彼らの資金需要に応えてきたのもまた事実である。金融庁の方針の下、各地域金融機関はリレーションシップ・バンキング（リレバン）推進による中小企業向け融資開拓の強化を打ち出しているが、おかやま信金ではそれを実行する基盤が長い歴史の中で構築され、旧四信金が基盤としていた地元に根ざしたリレバンが展開されている。

図6―1　おかやま信金の沿革（概要）

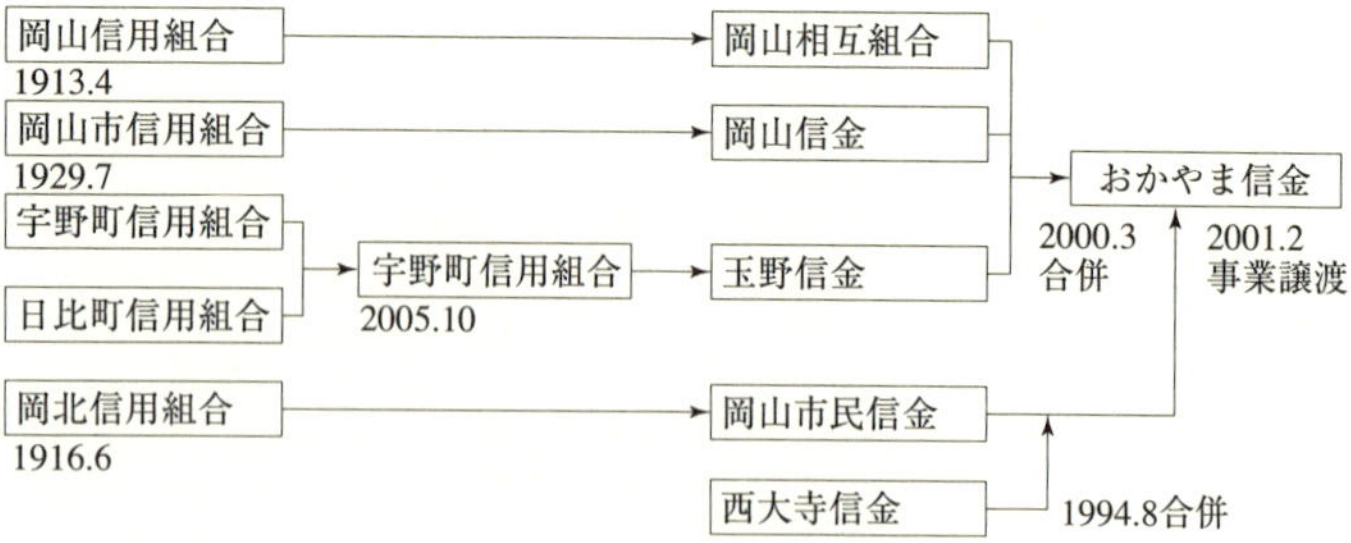

地元の中小企業に対応した営業展開

おかやま信金の地元密着展開は支店の営業活動に明確に現れている。貸出業務についてはボリュームでなく、貸出先数を増加させることを重視している。そして、貸出額は平均すると一件一〇〇〇万円で、地銀等の普通銀行がターゲットとする三〇〇〇～五〇〇〇万円の案件とは異なるゾーンの案件を開拓しており[5]、ここに大きな特徴がある。

今日の中小企業向け貸出は二つのタイプに大別できる。一つは企業の財務データをデータベース化した上で財務状態に応じた倒産確率を算出し、その企業に貸出できるか否か、貸出できる場合は貸出金額、貸出期間、貸出利率、保全条件を自動的に審査する手法（クレジット・スコアリング貸出）である。これに対し、融資先とのリレーションを密にし、貸出先の財務データに必ずしも現れない企業情報を評価し、貸出の可否ならびに個別の貸出条件を決定する手法（リレーションシップ貸出）がある。

前者は企業の財務状態に応じて自動的に審査が行われるため、そのための審査プログラムさえ完成させれば金融機関の手間は小さい。そこで、メガバンクや地銀といった普通銀行ではビジネスローン等と呼ばれる貸出金額五〇〇〇万円程度の無担保貸出を商品化し、審査基準に該当する企業に対して貸出勧奨を積極的に行っている。一方、後者は、貸出先もしくは貸出案件毎に審査を行い、貸出の可否を決定するために金融機関の手間は大きい。そして、この手間は貸出金額が大きかろうが小さかろうが同様に発生する。それゆえ、運用する資金量が大きい普通銀行では、少額の貸出案件でこの手法に取り組むことは非効率ゆえ避けられがちになる。

この結果、一〇〇〇万円程度の小口案件で、上述の自動審査をクリアできない案件は、普通銀行の貸出対象からはずれてしまう。しかしながら、こうした小口案件でもリレーションを重ねて財務情報以外の企業情報を入手しリスクの所在を分析することで、貸出案件として成立するものも少なくない。おかやま信金は、上述の歴史に裏付けられた地元での展開をとおして普通銀行より低い情報コストで貸出審査を行い、岡山・玉野においてこの分野への資金供給役を担っている。

表6―1　岡山市・玉野市における主要金融機関別店舗数（2008年1月）

区分	岡山市	玉野市	合計
おかやま信金	33	5	38
中国銀行	37	4	41
トマト銀行	25	1	26

資料：各行・庫ホームページより筆者作成
注：支店のみを計上（出張所は含まない）

この地元密着リレバンへの姿勢は店舗展開に現れている。表6―1は岡山・玉野の主要三機関の店舗数を比較したものであるが、おかやま信金の店舗数はトマト銀行を上回り、岡山市で中国銀行に劣後するもののほぼ同等の店舗数を構え、玉野市では中国銀行を上回っている。前述のとおり、ここに示した店舗は四信金の拠点を統廃合した後の店舗網であり、各支店の営業地域内の企業の情報を収集・分析・審査を行う際の大きな役割を果たしている。しかし、支店を構えて企業の情報を受身で待つだけの姿勢では、企業が時代の流れに対応できない場合に貸倒が発生し得るし、また事業領域を拡大なり変更する際に企業の行動についていけない金融機関は頼りにされない。したがって、金融機関からも常に企業に役立つ情報を発信し続け、企業の業容拡大に貢献しつつ金融ビジネスを拡大する取り組みが求められている。

2　中小企業の目線にあったリレバン

企業の成長に貢献する金融ビジネスの拡大に対して、地域の実情に合わせて具体的にどのように取り組むかが地域金融機関の存在意義となるが、重要なことは企業の目線で活動できるかにある。おかやま信金はこの目線の設定に特徴があり、それが独自のリレバンの展開につながっている。

ビジネスマッチングの推進

取り組む速度は業種や成長ステージによって異なるが、企業は事業機会を開拓し収益をあげて成長していく。しかし、中小企業の中には、経営資源の制約がありこうした取り組みが後手にまわる企業が少なくない。一方、金融機関から見ると、取引先企業の成長はビジネス機会となるため、企業の事業開拓の支援には積極的であり、不足している経営資源が資金であれば融資等にて資金繰りを支援する。しかし、その前段階である人的資源が不足しているため、事業機会の獲得を逸しているケースが中小企業には少なくない。そこで、リレバンに取り組む金融機関は、企業経営資源不足に協力することで資金需要を開拓し、融資後の事後管理を行い金融ビジネスを推進することが求められている。おかやま信金の取り組みはこれと一致するが、その成果が顕著に現れているのがビジネスマッチングの取り組みである。

ビジネスマッチングへの組織立った取り組みは、旧四信金が一体となったほぼ一年後に開始される。二〇〇二年九月に第一回ビジネス交流会を発足させて以降、これまでに単体で八回、県内八信金を取りまとめた合同交流会を三回開催している。交流会の構成は午前・午後の二部構成になっている。第一部は個別商談会で参加企業は二社と三〇分ずつ商談を行う。成約の可能性を高めるため二社枠を超える面談希望があっても二社しか面談は設定されない。そして第二部はフリー商談会となり、参加企業は自由に商談や情報交換を行う。第一部で希望する相手と面談できなかった企業はここで顔あわせする。

写真6―1　ビジネス交流会の会場

こうして単体の交流会は毎年春に、合同の交流会は毎年秋にと年二回開催が定着してきているが、単体の場合で、交流会のセミナーに延べ約一五〇〇人、九〇〇社が参加、商談七〇〇件行われ、成立した商談が五〇件、そして合同の場合には、セミナーに延べ約二五〇人、一〇〇〇社参加、商談一〇〇〇件で成立五〇件を数えている。合同交流会は西日本一の規模とされるが、規模だけでなく商談成約率が高いことが大きな特徴である。

この成功要因は、他の金融機関でよく見られるイベント会社への丸投げのようなことはせずに、営業地域内の企業のニーズをふまえて、おかやま信金が独自の仕掛けを常に行っている点にある。第一部の個別商談はおかやま信金が参加企業のビジネスを熟知して設定するため成約率は高い。また、第二部の交流会へのフリー参加企業についても、おかやま信金の担当者がはりつきいわゆる壁の花を咲かせずに、実りある出会いで盛り上がる会場を作り上げている。

また、開催時期にあった新たなテーマを毎回掲げた交流会としている。二〇〇七年は、交流会の場で商品・サービスの評価を受けたいという参加企業の要望に応えバイヤーを招き、楽天、ドン・キホーテ、地元百貨店の天満屋など九社がブースを構えた。そして二〇〇八年は、人材確保が中小企業の大きな課題になっている点を踏まえ、人材派遣会社を招いている。

推進部門の設置とソリューションの提供

ビジネスマッチングの成功はおかやま信金の日頃の営業店の活動が基礎にあると述べたが、この営業店をサポートするのが営業統括部である。同部にはアシスタントディレクター（以下ＡＤ）一三人が配属され、各ＡＤが三～四店舗を担当し営業店の担当者と二人三脚で、取引先や新規開拓企業への提案を行っている。先に述べたように、ライバルとなる銀行は、おかやま信金の主力取引先である中小企業に対して密着した展開を行うことに限界があり、企業のニーズや悩みをヒアリングしアドバイスできない面がある。これに対して、おかやま信金は地元の中小企業と向き合うことに活路を見出している。そして、財務アドバイスと事業アドバイスという二本柱を立てて、企業ごとに個別にアドバイスしている。

財務アドバイスには、財務シュミレーションソフト『ＭＡＰⅡ』を用いて企業の成長ステージに応じた経営相談を実施し、資金需要の発掘に努めている。「長い低成長期を乗り越えた今日の中小企業にとって大切なことは、目に見えないリスクにいかに備えるかです。『ＭＡＰⅡ』を使うことで、例えば取り扱う製品構成を変えた場合の業績や、資金収支をその場で試算し企業が直面するリスクを分析し、それに対する方策を共に考えます」と営業統括部の高橋勝則次長は語る。また、方策の検討は事業拡大といった案件だけでなく、事業の縮小・集約といった再生案件でも検討され、『MAPⅡ』での試算を活用し、事業集約化を条件に回収一辺倒の他行借入金の借換資金と追加運転資金を融資した事例もある。

事業アドバイスには、テーマ別に配置している専門ADの存在が重要な役割を果たしている。現在、農業経営アドバイザー、介護事業担当、岡山産業振興財団・中小企業支援センターサブマネージャー（出向者）、そして岡山大学産学連携マネージャーが活躍している。この中でも、産学連携は中小企業と大学のつなぎに一歩も二歩も踏み込んでおり、『産「金」学連携』と呼べる特筆すべき取り組みである。

『産「金」学連携』への取り組み

産学連携は各地で長年取り組まれているテーマである。社内の経営資源に限りのある中小企業の立場から見ると、大学の機能は魅力的であるものの、なかなかとっつきにくい。大学はお高くとまっているとか、大学の研究は実業とはほど遠く使えないといった評価も少なくない。しかし、実績をあげている企業は存在し、企業、大学共に知恵を出し合う姿勢がまずは必要である(6)。おかやま信金はこの橋渡し役を目指し活動を重ねている。

この活動の核になっているのが岡山大学との包括協定である。そして、この協定を実のあるものにすべく、おかやま信金の産業連携担当が毎週一日大学に出向いて大学の研究成果や取組課題を常に収集している。あわせて、産学連携専担者以外のおかやま信金職員のレベルアップを目指して、岡山大学の指導を受けたアシスタントコーディネータを五六人輩出している。彼らは企業の抱える技術上の課題を明確化するようにし、それを大学側の事情と照らし合わせて企業と大学と連携につながるようにアドバイス実施する。こうして取り次いだ相談案件は約三〇件にのぼる。

大学との包括協定は岡山商科大学とも締結されている。地元の企業は製造業だけでなく、技術開発以外の分野、例えば経営戦略、マーケティング、店舗戦略をテーマに大学の力を活用したい企業も少なくない。そこで、この分野で専門性を発揮できる岡山商科大学との提携が始まる。また、岡山理科大学、岡山県立大学とも交流を重ねている。岡山大学で実現しなかった案件で岡山理科大学にて進行中の案件もある。このほか、中小企業家同友会との業務提携、岡山産業振興財団・中小企業支援センターを活用した企業との連携もあわせてアドバイスしている。

3　事例研究——玉野市における展開

岡山市の南側に位置する玉野市は、太古より瀬戸内海の天然の良港として栄え、一九八八（昭和六三）年に瀬戸大橋が開通するまでは宇高連絡船の玄関口として、本州と高松を結ぶ海上交通の要衝であった。また、産業においては、一九一二（明治末年）に杉山製銅所（現、パンパシフィック・カッパー㈱日比製煉所）、一九一七（大正六）年に川村造船所（現、三井造船㈱玉野事業所）が建設されて以来製造業を中心に発展してきた。このため高度成長期に人口は増加し、一九七五年頃には八万人を数え、玉野市で全てが完結する三井造船の企業城下町としての経済圏を形成してきた。しかし、産業発展を牽引した造船業の変貌に伴い、今日の人口は六万七〇〇〇人にまで減少している。加えて瀬戸大橋の開通以降は交通の流れが変わり、玉野市に流入する車、人が減少する一方で、隣接する岡山や倉敷へのアクセスが便利になってきた。この結果、玉野市民であっても、必ずしも市内だけが買い物をする場ではなくなり、岡山や倉敷に開業した商業施設に向かう機会が近年増加している。このため、玉野市内を一つの経済圏と見た場合、玉野市の実質的な購買人口は実際の人口の三分の一程度の二万人から二万五〇〇〇人程度でないかとの指摘もある。

このように商工業を概観すると玉野市の置かれている環境は厳しいが、実際に訪問するといささか異なる印象を受ける。市の中心部にいわゆるシャッター商店街が確かに存在するものの、玉野市に基盤を置く中小企業の中には、三井造船との取引の中で培った自社のコア技術を明確にし、域外の市場に新たな可能性を求める企業や、地元内のネットワーク形成を通じて新たな連携を求める企業といったように、『元気な』展開を行う企業も少なくない(7)。

おかやま信金はこうした企業の活動を支えている。玉野市におけるおかやま信金のシェアは預金で約三〇%、貸出金で約二三%と地元経済への貢献度は高く、旧玉野信金の前身である宇野町、日比町の二信用組合時代から玉野市唯一の地元金融機関としての位置付けをおかやま信金は維持している。ちなみに、旧玉野信金が不良債権に苦しむ前のシェアはさらに高く、預金シェアで四〇%、融資シェアで三〇%、世帯数でみた取引シェアは八〇%と、玉野市に限定してみれば県下最大の金融機関である中国銀行を上回るシェアを確保していたと言われる。

これらの実績から、先に見た地元密着リレバンを展開するおかやま信金の特徴は、玉野市で顕著に現れていることがわかる。地元企業からの信頼が厚いことが高いマーケットシェアにつながるのみならず、おかやま信金の玉野市内の支店の職員は、部店長から若手まで公職への就任や公的な会議や行事への参加を要請される機会が多い。そこで以下では、玉野市におけるおかやま信金の活動事例を見ることで、上で見たおかやま信金のリレバンが地元の目線にあったものであることを確認していきたい。

地元の企業・住民に頼られる存在

おかやま信金は玉野市内に中国銀行を上回る五つの拠点を構え高いシェアを占めているが、これは地元に密着した展開を行っているからである。この展開により、地元の企業情報を的確に域外に発信し、企業の事業機会拡大に貢献する一方で、地元の企業・住民に対して金融サービスを提供している。

地元の企業情報を的確に域外に発信する機会として、前述のビジネスマッチングが機能している。玉野市には三井造船との取引を通して技術力を高めてきた中小企業が少なくないが、造船の生産環境が変化する中で三井造船との取引高を維持もしくは増加させることは厳しい。そこで、域外への展開を図ることになるが、中小企業一社で新たな市場を開拓するのは容易なことではない。しかし、ビジネスマッチングを利用して、玉野市の外に市場を求めることに成功した企業が存在する。この企業はコア技術が何かを的確にPRすることで、東京本社の東証一部上場企業のライセンス取得に成功している。これは、おかやま信金が玉野という地元の情報を域外にうまく発信することが契機になり、造船で培われた技術を医療分野等で活用されることになった好例である。

また、この企業も工場を構える玉野市の玉原工業団地には多くの機械金属連企業が集積し、その二九社で形成される玉原鉄工業協同組合が活動している。おかやま信金にとってそのうちの二二社が取引先である。日頃の取引を通して、各社に共通した中長期的な経営課題が多く存在していることも把握していた。そこでおかやま信金は、見過ごされがちな課題解決策を論じるには、個別会社と相対して提案するよりも、複数の会社と共同で討議することが効率的であることに着目、組合員相互の仲間意識が強い玉原鉄工業協同組合に対し、おかやま信金の機能を使った会社の経営課題解決を説くことを始める。

組合員企業である中小企業からみて、金融機関のサービスは借入と預金といった銀行取引のみと考えがちである。おかやま信金は銀行取引プラスαのサービスを長年提供してきたわけだが、そうした実績は地元の中小企業には必ずしも周知されてはいなかった。そこで、玉支店・和田支店の近藤道廣支店長（現、玉野営業部長）を中心に組合員企業との意見交換会を重ねたところ、「従業員のライフサイクルに応じた相談にのってもらえないか。新卒で入社する従業員も年月を経れば結婚し子供も生まれる。会社に長年勤めてくれれば、勤続年数が増えるだけ子供も成長するし、またどんなに優秀な社員でもやがては退職する。会社が安定して成長するためには、社員のライフスタイルを支えるシステムを提供するのがよいが、中小企業一社ではなかなか手が回らない。金融機関の立場で、彼らの相談にのってもらうことはできないだろうか」という声が出てくる。

個人のライフプランに応じた金融サービスの提供は、大都市では各金融機関がしのぎを削っている分野であるが、玉野市のような地方都市では地元の金融機関がこの役割を担い、大都市と遜色ないサービスを提供することが期待される。おかやま信金は組合の事務所を借りて月に数度相談コーナーを設置し、その責務を果たすべく活動を始めている。

細かい金融ビジネスであっても、どこかが担わねば地域の企業や住民の活力をそぐような事例は他にもある。例えば、中小企業が抱える経営課題の上位に事業承継問題があげられるが、その対応について関心はあるものの無策でいる企業は少なくない。そこで、おかやま信金で潜在的なものを含めてニーズがあると考えられる企業経営者を抽出し、商工会議所と共同で事業承継セミナーを二〇〇七年に開催した。また、労働金庫の合併で市民センターへの集金が取りやめられたのに伴い、この集金業務をおかやま信金が引き継いでいる。集金業務は人手がかかるため、金融機関の業務効率化への意識が近年高まるに伴い以前ほどは積極的に行われていない。しかし、近隣に銀行の支店がない市民センターの職員は窓口が開いている時間帯に銀行に出向くことが難しい。効率的な業務運営という観点からは合わないかもしれないが、おかやま信金は地域住民への金融サービスの担い手として前向きに取り組んでいる。

地域活動のコーディネーター

玉野市内におけるおかやま信金の中核的役割を担っているのが玉野営業部である。玉野営業部は旧玉野信金本店に拠点を構え、玉野市内の多くの地元企業を取引先としている。それゆえ、玉野営業部のトップである玉野営業部長への地元の期待は大きい。

土椰知明部長（現、琴浦・田の口支店長）は、金融関係や地元の商工会関係以外でも、㈳玉野市観光協会監事、玉野市人権教育推進委員会企業委員、玉野警察署不当要求排除特別監視員、岡山県宇野港航路誘致推進協議会委員、玉野みなとフェスティバル企画委員等々、非常に多くの公職をこなしておられる。「地元で何かやるにしても人手が限られており、その応援要員として駆り出されて始まった公職があるかもしれませんが、そうした受け身の対応だけでは決してよい成果はあがりません。企画段階から参画して地元のために何ができるかを真剣に考え、それを実行に移すところまで責任もって取り組んでいます。」「地元行政に対して意見する機能は必要です。公職での活動では、そうした機能を担うべく提案を含め精一杯やっています。こうした活動は必ず地元企業のためになります。銀行のビジネスのためだけでなく玉野市がよくなるために何ができるかが重要です」と、公職に就く姿勢を説明されていた。まさにそうした取り組みを代々されてきたからこそ、厚い信頼を地元で得られているのであろう。

そして、「地元に根ざす金融機関の責任は重いと考えています。地元で融資をするからには一過性の融資はできません」と続けられ、「企業情報の収集にあたり、玉野ではヨコの情報をとりやすい。これはどの企業でも先々代の名前までわかる関係を築けているからでしょう」と結ばれていたが、これらはまさにおかやま信金の強みを裏付けるものにほかならない。

ビジネスマッチングについても地元を意識した深い取り組みをされている。「ビジネスマッチングの会場には行政マンにも足を運ぶように勧めています。玉野市の人口は六万七〇〇〇人とはいえ地元の購買人口はこれを下回るのが現実です。企業も玉野以外での取引機会を模索しています。地元外で何が起こっているのか

写真6―2　おかやま信金の土椰部長と近藤支店長

を理解しないと、地元のための施策を打ち出せるわけがありません」と力説されていた。

地元を担う後継者の育成と『産「金」官連携』

『元気な』中小企業が地元のネットワークから輩出されることは少なくなく、玉野市でも行政や商工会が中心となっていくつかの交流会が立ち上がってきた。しかし、これらのネットワークは立ち上げ当初は参加企業に刺激を与え成果もあがったようだが、時間の経過とともに活動が低調になりがちになる。その中で玉野市役所は、二〇〇五年に新たな取り組みとして関塾玉野を立ち上げる。

関塾玉野は、本書の編著者でもある関満博（一橋大学教授）を塾長として、行政関係者と地元企業が一体となり新たな産業振興政策について研究、実践を行う研究会である(8)。現在参加している地元企業は一三社。研究会の目的を大括りに設定しているため、取り上げるテーマは企業のニーズが常に反映されるよう運営されている。立ち上がってほぼ二年半が経過してきたが、ここにきて地元を担う後継者育成塾としての色合いが強くなってきた。

同族で事業を承継する際に必要となる情報の多くは社内に蓄積されているため、事業承継にあたっての指南役は先代社長なり古参社員が担うことが一般的であるが、外部環境の変化が激しいこの時代においては、社内のみに指南役を求めることは必ずしも適切でなく、外部に求めることも一策となる。前述した事業承継セミナーはその導入としては有効なものの、個別のニーズ・悩みを発見し解決するには物足りない。むしろその段階に至れば、同じ悩みをもった複数の企業との情報交換を通して解決策を検討することが効果的な場合が少なくない。そうした場で事業承継の悩みを協議すると、自社の本質は何かを考えることになり、その考察は事業発展に何が必要かの議論につながり、事業を見直すとか事業領域の新たな展開をどうするかといったものに発展することにもなる。こうした議論の発展は、参加企業のニーズに応じてネットワークで取り上げられるテーマが柔軟に変化し、場合によってネットワークが拡充していくことにもなるが、関塾玉野はこうした方向に向かっているように見える。

おかやま信金は、この関塾玉野でも活動している。メンバーの中心が企業の後継者世代ゆえ三〇歳代から四〇歳代前半であるため、その世代にある貝原善之AD（現、玉野営業部）が参加している。事業を承継し経営者として独り立ちしていく過程で、工場運営や市場分析の修得は業界トップ水準の知見を確立できても、金融知識の修得が後回しになる事例が少なくない。しかし、新たな事業機会を開拓して、例えば海外企業との取引をすれば外為の知識が必要となり、設備投資を行うなら事業計画と資金計画を作成した上でリスクを確認した取り組み判断が必要というように、金融知識は不可欠である。もちろん先代社長の時代も金融知識は必要であったが、今の時代環境ではより高いレベルが求められる。そこで、関塾玉野のメンバーに金融マンを加えよう、同世代の金融マンと企業の後継者との交流を通して相互が切磋琢磨していこうと声があがり、それに賛同した前述の土椰部長を通じて貝原氏に白羽の矢が立った。

貝原氏が同世代の企業経営者の生の声を聞き議論する。そして、企業が気づいていない潜在的な課題に気づけば貝原氏から問題提起し、浮かびあがってきた企業の経営課題や経営者の悩みについて、貝原氏が自分で対応できることは対応し、対応できなければおかやま信金の本部機能を活用する。こうした往来を重ねることは、、関塾玉野型の『産「金」官連携』を目指すことを意味する。また、土椰部長や近藤支店長の次の世代を育成する環境が旧来と変化しているのはおかやま信金も同じであり、関塾玉野の中で次世代の社員がもまれることは、おかやま信金の後継世代育成につながることにもなる。

既存のネットワークの活動が低調になる要因は、参加企業がネットワークに求める内容は刻々と変化するものの、ネットワークの運営に柔軟性がなく対応できない点にある。大都市のネットワークでは参加対象となる企業の数は多いため、参加していた企業が離脱しても入れ替わりに参加する企業が出現しネットワークが存続することはあろう。これに対し、企業数が多くない地方都市の場合は、参加企業の入れ替わりには限度がある。したがって、地方都市でネットワーク形成を目指す場合は、ネットワークが柔軟に変化できることがより重要になり、前述の『産「金」官連携』の下で金融機関の情報を地元の企業に持ち込むことで、柔軟性の高いネットワークの運営が可能と期待される。

4　おかやま信金型リレバンの発展に向けて

以上でみたおかやま信金の取り組みは、合併前の基盤を活かしたものだが、旧四信金共にここまで組織だった取り組みはできていなかった。これは金融機関の規模が小さすぎると、地域の中小企業にとって真に役立つ支援ができる本部組織を抱える余裕がないためと考えられる。一方、先に見たとおり、おかやま信金より規模の大きい金融機関は本部の立場で支店の取引先企業を細やかに把握しにくいため、役立つ支援や具体的な提案を行うことが困難な傾向が見られる。このことは、おかやま信金の規模の信金が、地元の中小企業にリレバンを展開するのに適切な規模であることを意味するのかもしれない。

本章を執筆している二〇〇八年三月に、多額の不良債権により経営が悪化した新銀行東京に対し、東京都が四〇〇億円を追加出資することが決まった。新銀行東京が今日の状況に至ったのは、リスクが高い中小企業向け貸出という分野で、クレジット・スコアリングのみで貸出を積み上げてきたことに原因がある。リスクが高い貸出に積極的に取り組む場合、貸出先の行動を十分にモニタリングすることが重要になるものの、それを怠って民間金融機関が与信できない案件を取り上げ、貸出残高を積み上げてきたことが問題を招いた。したがって、追加出資の検討にあたっては、行政の取り組む中小企業向け施策と銀行の役割や、中小企業向け貸出分野における既存の金融機関が取り組み難くても必要な金融ビジネスは何かが議論されるべきであるが、残念ながら都議会の議論はそうではなかった。

ここで、先に見たおかやま信金と普通銀行とのすみ分けを思い起こしていただきたい。おかやま信金は、普通銀行のクレジット・スコアリング貸出で取りこぼされる案件をリレーションシップ貸出により取り上げると共に、貸出実行後もモニタリングを続けることで不良債権化を極力回避している。ビジネスマッチング、産金学連携、産金官連携といった地元に密着したリレバンを推進し、リレーションシップ貸出を補完するビジネスモデルを確立している。そして、地元の企業もしくはネットワークに対して地元にない情報を持ち込み、その情報で柔軟に変化する地元企業やネットワークに対して新たなリレバンを展開することで、新たな金融ビジネスを創出することが目指されている。

冒頭にみたおかやま信金の歴史がこうした展開の基礎になっているが、今後も地元の企業や住民からの支持を受け続けるためには、地元のニーズを常に把握し、地元と共におかやま信金自身も変化していかねばならない。過去の百年と同様に、今後も地元に根ざした活動を通しておかやま信金がリレバンの実例を今後百年も多数示し、それが地元経済の発展につながることを期待したい。

（1）おかやま信金は岡山市、玉野市以外に倉敷市内にも三店舗を構える。また、岡山市内の信金店舗としては、近接市に本店を構える吉備信金が三店舗、備前信金が二店舗があるが、共に岡山市中心部の支店はない。

（2）鳥取、山陰合同、広島、百十四、香川、四国、西日本シティの各行。

（3）みずほ、三井住友、三菱東京UFJの各行。

（4）岡山市信用組合は、岡山市内の醤油醸造業を中心に設立された市街地信用組合とされる。

（5）二〇〇七年一〇月三日付『日経金融新聞』の桑田真治理事長への取材記事等を参照した。

（6）中小企業の産学連携事例に関して、岩手県花巻市については、関満博『変革期の地域産業』有斐閣、二〇〇六年、岡山県津山市については、関満博『地域産業の「現場」を行く　第一集　地域の片隅から』新評論、二〇〇八年、を参照されたい。

（7）玉野市の産業構造分析については、関満博・岡本博公編『挑戦する企業城下町――造船の岡山県玉野』新評論、二〇〇一年、に詳しい。

（8）同様の目的を持つ研究会が全国各地で展開されているが、岡山県では、二〇〇五年に玉野市、津山市、瀬戸内市で立ち上げられた。詳しくは、小林健二「三つの塾を競わせてスタート――地域産業振興の新たな側面（岡山県）」（関満博編『地域産業振興の人材育成塾』新評論、二〇〇七年）を参照されたい。

第七章　研修支援から福祉プロジェクト支援まで
――愛媛信用金庫（愛媛県松山市）

平山恵三

本店を松山市に置く愛媛信用金庫（理事長・山本泰正）は、五信用金庫の四回の合併を経ているので、活動の地域は広い。同信金が本支店を置いている市や町を南西のほうからあげると表7―1のようになり、これら一二の市町を合わせると、人口、事業所数ともに愛媛県全体のおよそ八割になる。なお、これら市町のうち、八幡浜市、伊予市、松山市、今治市には合併前信用金庫の本店があった。

表7―1により、二〇〇〇年から二〇〇五年への国勢調査人口の動きを見ると、全国は〇・七％増加しているが、四国四県はいずれも減少していて、愛媛県は徳島県と同率の一・七％の減少であった。一二市町の人口を個別に見ると、五〇万都市松山市と同市に近接する砥部町、松前町、東温市は増加したが、松山から離れている西予市、八幡浜市、大洲市、西条市、新居浜市、および松山市に隣接していても同市市街からは遠くなる久万高原町と今治市は減少している。

松山市およびその近郊への人口集中はなお顕著であり、広域愛媛信用金庫とすれば、周辺地域の人口流出を抑える形で県人口の減少を食い止めることに寄与したいという思いが募るのではないだろうか。

次に、二〇〇一年から二〇〇六年への事業所数の変化を見ると、これは全国も六・九％減少しているが、四国の四県はこれを上回る減少で、なかでも愛媛県の一一・二％減は、四七都道府県中大阪府の一一・五％減に次ぐ二番目の減少率であった。愛媛県では八万を超えていた事業所が七万に近づいているのである。そして、一二市町の中では、東温市が唯一増加で、他は全て減少、特に今治市と松山市の減少率は県の率を上回った。

事業所の減少は中小企業の経営環境が厳しくなっていることを示しているが、愛媛県の状況はこれが一段と険しいのである。また、松山市の場合には、人口は増えていても、これが中小企業経営の存続や増加に結びついていない。愛媛信用金庫とすれば、地域の中小企業にここはなんとしてでも踏みとどまってもらいたいと思い、一件でも多くの起業を願うのではないだろうか。

地域の人口と事業所のこのような状況の中で、愛媛信用金庫は、金融業務本業での貢献はいうまでもなく、金融業務外でもできるだけの経営支援や環境づくりに動いている。地域社会の公器ともいえる信用金庫では、その金融業務本業こそが地域貢献ということでなければなるまいと思うが、それらは、愛媛信用金庫の場合にも、そのホームページなどによっていただくとして、ここでは通常地域貢献と目されるる金融業務本業外での愛媛信用金庫の活動に注目してみたい。

愛媛信用金庫の常勤役職員は六三五人（二〇〇七年四月一日現在）である。これが日常の金融業務およびその裏方に張り付けば、本業外への人員ないし時間の余裕は限られようと思えるのだが、どこから湧き出るのであろうか、本業外での活動にも明るさと一生懸命のあたかも金庫内コンペをうかがえるのが、「愛信さん」と呼ばれる信用金庫の日々なのである。

ここでは、数ある地域貢献から四分野の例を取り上げてみたい。

表７―１　愛媛信用金庫の店舗分布と地域の人口・事業所数の動態

愛媛信金		国勢調査人口				事業所企業統計調査事業所数			
	店舗数	2005 年	2000 年	増減	増減率%	2006 年	2001 年	増減	増減率%
全国		127,767,994	126,925,843	842,151	0.7	5,911,038	6,349,969	−438,931	−6.9
徳島県		809,950	824,108	−14,158	−1.7	41,295	45,498	−4,203	−9.2
香川県		1,012,400	1,022,890	−10,490	−1.0	52,303	57,333	−5,030	−8.8
高知県		796,292	813,949	−17,657	−2.2	41,982	46,353	−4,371	−9.4
愛媛県	51	1,467,815	1,493,092	−25,277	−1.7	71,594	80,610	−9,016	−11.2
西予市	1	44,948	47,217	−2,269	−4.8	2,656	2,852	−196	−6.9
八幡浜市	2	41,264	44,206	−2,942	−6.7	2,738	3,082	−344	−11.2
大洲市	1	50,786	52,762	−1,976	−3.7	3,043	3,271	−228	−7.0
久万高原町	1	10,946	11,887	−941	−7.9	708	797	−89	−11.2
砥部町	2	22,424	22,075	349	1.6	944	1,026	−82	−8.0
伊予市	2	39,493	40,505	−1,012	−2.5	1,768	1,971	−203	−10.3
松前町	1	30,564	30,277	287	0.9	1,060	1,156	−96	−8.3
東温市	2	35,278	34,701	577	1.7	1,319	1,282	37	2.9
松山市	26	514,937	508,266	6,671	1.3	21,655	25,119	−3,464	−13.8
今治市	9	173,983	180,627	−6,644	−3.7	9,637	11,221	−1,584	−14.1
西条市	3	113,371	114,548	−1,177	−1.0	5,250	5,694	−444	−7.8
新居浜市	1	123,952	125,814	−1,862	−1.5	5,622	6,264	−642	−10.2
12 市町合計	51	1,201,946	1,212,885	−10,939	−0.9	56,400	63,735	−7,335	−11.5
県内構成比%		81.9	81.2	43.3		78.8	79.1	81.4	

資料：国勢調査、事業所企業統計調査

1　多様な研修支援

地元企業で働く人への研修支援は、愛信さんの愛信さんらしいプログラムとして膨らんでいる。二つの事例を追ってみよう。

新入社員合同研修

愛信では、一九九七年から「新入社員合同研修」を継続実施している。これは、地元中小企業への新入社員と愛媛信用金庫への新入職員が一緒に受講する二日間の研修で、例年四月初めに行っている。社会人としての抱負と自覚をベースに、ビジネスマナーの基本、基礎を学んでもらう講座である。

第一回目のときは、一四社から三九人、昨年第一一回目は三一社から一一六人の参加があった。最も多かったのは二〇〇四年の三六社一四一人であった。これらに、自金庫新入職員二〇人ないし四〇人弱が加わるので、合計では一五〇人くらいになることが多かった。実は、金庫自前のホールではこのあたりの人数までが限度で、二〇〇四年の場合は急遽会場を外部に求めざるをえなかった。また、このときの経験から、研修の進行、効果上も一五〇人ぐらいが限度とも思われたようで、その後の三回は、これ以下の人数で実施されている。

参加企業、事業所の地域は広く、業種は種々だが、福祉関連がやや多いというのが、私には新鮮であった。

この研修は、当金庫の経営理念に基づく取り組みであり、当金庫と地元企業との結びつきを深めるとともに、自社研修が難しい地元中小零細企業へのお手伝いのため毎年実施していると、信用金庫の内部では伝えられている。

この合同研修が恒例になってきて、地元のテレビや新聞でも四月の報道に定番化しつつあるようで、二〇〇七年四月五日の愛媛新聞も、「信頼される社会人に／松山　新入社員一五〇人合同研修」という見出しで、「合同研修で、自己紹介の練習をする新入社員」のコピーをつけた写真を載せて、この研修を紹介している。「合同」が、ポイントを上げているのではないだろうか。

写真７—１　いうら合同研修風景

写真提供：㈱いうら

企業内研修

これは比較的新しい事例である。私の見るところ、それは企業内研修の合作のようであった。

この取り組みを受けたのは、福祉・介護機器メーカーの「株式会社いうら」（代表取締役会長横畑幸生）であった。総務部の渡辺洋子総務課長が、別のところで愛信の研修支援と愛信自前の講師に触れて、閃いたようなのである。

「いうら」の「ベストナイン」と呼ばれた第一陣中堅九人

の社内研修が企画された。

それは、二〇〇七年六月から一二月まで九回、計一三日の「善事即行、即時改善」研修のプログラムであった。回数と日数が異なるのは、八回目が五日間、地元の大型商業施設で開催した、自社製品展示即売に関連業者も誘った「介護フェア」の実験だったからである。研修のコーディネーター兼講師は、豊富な経験を重ねてから、愛信に籍を置くようになった徳丸登氏である。

自分たちでフェアを実現するまでのきわめて実践的な研修を体験した一人、田窪祐路氏は生産部門で治具を作っている。田窪氏は「指名されたときはいやでたまらなかったが、いざ研修を受けてみると、交流ができ、新しい自分の発見にもなるし、フェアをやりますと聞いたときは、すごいなと感じた。大きな目標に向かって、みんなが一つになって、できたのがよかった。小集団活動の重要性を感じた」と語ってくれた。

もう一人、設計部門の徳永純氏は、「この研修は実践的で、グループで問題を解決することが身についたと思う。設計は一人で入り込んでしまうが、イベントで、売り場に立って、お客さんに売ることの難しさを知り、また、（福祉機器を）使う側の声を直接聞けたのがよかった。あらためて、困っている人が欲しいと思うものをつくりたいと思った」と話してくれた。一日一〇時間会場にいると、三〇人くらいの人からそういう話が聞けたという。

会長からは、「愛信さんならではのサービスと感謝しています、日中の時間を一人につき七〇時間を当てる研修は初めてだったが、とてもよかった、講師の徳丸さんも私たちにはとてもよかった」と聞かせていただいた。

徳丸氏は地元企業とそこに働く人にほんとうに役立つ研修を実現しようと一生懸命であった。また、会社と信金本部との間で動いた最寄支店の支店長も一生懸命であった。これが愛信流なのである。愛信は、このような合作を着実に広げていくことになるのだろうと思う。

なお、「いうら」は、先述の新入社員合同研修でもお馴染みの企業であった。これを受講したことのある蔵本将大氏は「これから社会人になるというときに、教えてもらって、安心感をもてた、異業種交流になっていたのもよかった、交流会は今も続いている」と語り、三好洋子さんは「年齢や学歴の違う人が同じスタートで話し合えたのもよかった、自分ではわかっているようでわかっていなかったことに気づくことが多かった」と微笑んでくれた。

2 ビジネスマッチングフェアの開催

全国で、今、信用金庫はこれが盛んである。ムードづくりと異業種交流、産官公学交流・提携の促進による地域産業振興というところであろうか。一信金単独開催もあれば、数信金共催の場合もある。

愛媛信用金庫が、単独実施の方針を決めてからは一年二カ月、事務局を設けてからは七カ月目の、今年二月二一日にこのフェアは開催された。題して、「ねむれる愛媛の宝を発掘！　あいしんビジネスマッチングフェア」。

会場は、松山空港から車で五分の「アイテムえひめ」。ここの大展示場に参加企業等と支援団体のブースを設け、また、ステージではプレゼンテーションを行い、もう一つの小展示場では、岡野工業㈱

写真7—2　あいしんビジネスマッチングフェア

写真提供：愛媛信用金庫

代表社員岡野雅行氏の「めざせ！　オンリーワン企業」と題する基調講演を催した。

参加企業は南西は宇和島市まで、東は高松市までの一〇四社、ほかに農業協同組合二、社会福祉法人一、福祉ＮＰＯ一の参加とマイクロソフト株式会社の特別出展があった。ここで参加企業の八割がこの種の催しへの出展は初めてというのが信用金庫主催のフェアらしいが、参加企業中の八社が県内他信金および他県信金からの紹介企業となったのも信用金庫らしい。

また、中小企業支援ゾーンには、フェアを後援する、愛媛県、同県中小企業団体中央会、同県商工会連合会、松山市、松山商工会議所、愛媛大学、松山大学、財団法人えひめ産業振興財団、独立行政法人中小企業基盤整備機構四国支部、ＴＫＣ四国会、株式会社四国しんきんカードと、協賛する財団法人日本中小企業福祉事業財団の各ブースが設けられた。

なお、フェアの後援は、このほかにも、四国経済産業局、愛媛県商工会議所連合会、社団法人愛媛県法人会連合会、愛媛経済同友会、南海放送、テレビ愛媛、あいテレビ、愛媛朝日テレビ、愛媛新聞社、信金中金四国支店、社団法人四国地区信用金庫協会からも寄せられ、企業参加の株式会社ベンチャー・リンクからは協力も得た。

さて、これはフェアだが、「単なるフェアでは終わらせたくない。参加していただく企業には実効を得てもらいたい」というのがプロジェクト・スタッフの願いであった。

このため、一つには、一月中旬の休日に支店長が本店に集まった。朝九時から夕方六時まで熱気に包まれたという。各支店長が代わる代わる、自店取引先の参加企業に代わって、製品を示し、カタログを配って、他の支店長に、マッチング可能な企業を誘ってもらいたいと、熱弁を振るいあったのである。

もう一つは、参加企業中希望と抽選で一〇社がステージでのプレゼンを行うのだが、一〇社がいずれもそれは初めてということだったので、二月に入ってから一日、希望企業の方々の事前演習を実施したのである。

当日の来場者は二七一〇人、商談は七〇一九件、うち成約は一七件、商談継続へは七六一件だったといわれる。フェアは大盛会であったが、愛信はこの後も商談のフォローに余念がないのである。

3　アンテナショップの支援

二〇〇七年一一月二三日、久万高原町のアンテナショップ「きらり☆久万高原」が、松山城ロープウェイ乗り場東雲口駅前（ロープウェイ街）にオープンした。開設期間を二年間（二〇〇九年九月末まで）と予定するショップの運営は、久万高原町と観光協会、商工会でつくる久万高原町アンテナショップ運営協議会が行っている。久万高原町産ブランドの確立・浸透、観光をはじめとした町情報の発信を目的に、野菜、お茶、味噌、しょうゆ、素麺、漬物、香水、ケーキ、クッキーなどを即売している（同

写真7―3　アンテナショップ「きらり☆久万高原」

町のホームページから)。

ところで、ショップがオープンのとき、テープカットを愛媛信用金庫の河本常務理事が頼まれたという。なぜかということになるが、それは、このオープンまでに同信金久万支店の働きが少なからず寄与していたからである。

久万高原の野菜は関西方面で評判が良いのに松山には出回らない。わずか三〇数キロの大消費地松山にも届けるのが良いのではないかと考えるのは、久万支店も、町の若い人たちや関係者も同様だった。町長にはもっと深慮があったかもしれないが。

昨年六月に同じロープウェイ街で行われた松山商工会議所青年部企画の古里感謝祭のとき、久万物産展のテントで久万支店の職員が商工会のメンバーと一緒に販売を受け持ち、生産者と交流したのも、同じ考えからであった。

ショップに立ち寄ってみると、「久万高原町のものを買いやすくなったのがうれしいといわれます」と聞くことができた。お客が増えているという。

だが、この仕掛け、産物の販売とさらなる需要喚起はいうまでもないのだが、もう一つの意図は、久万高原町への行楽と、行楽のリピート、さらに、できれば転入、移住への誘い、きっかけづくりらしいのである。

このオープンを予告した愛媛新聞の二〇〇七年一一月二三日号には、「町職員が観光案内を担当し、来春からは町内への定住の相談も受ける予定」とも記されていた。

4　えんむすびプロジェクトの展開

愛媛信用金庫は、NPO法人ユニバーサルクリエート（代表・佐伯康人、松山市）が二〇〇六年五月にスタートさせた「えんむすびプロジェクト」の一メンバーとして、この活動に積極的に取り組んでおり、ここにも愛信の明るさと一生懸命がうかがえる。

同NPO法人は、ユニバーサル社会の創造を目指し、就労支援などの福祉活動を進める団体である。そのえんむすびプロジェクトは、円、縁、援の三つのえんを結び、地域のチャレンジド（働く障がい者たちの意）の就労の機会をつくり、支援する事業化プロジェクトである。

このうちの円としては、チャレンジドの経済的自立のために、現行一万円以下（しばしば三〇〇〇円を下回るともいわれる）の月収を当面五万円を目標に引き上げていくとするのである。

このプロジェクトがスタートしてまもなく、日本銀行券のリサイクルで商品開発ができないかと提案したのは愛信で、また、日本銀行への相談を主に担当したのも愛信だった。

プロジェクトとして、日本銀行松山支店に、使用済み日本銀行券の裁断くずの提供を申し入れていたところ、昨年一月にこれが承認されて、リサイクル製品化への動きが具体化した。「円」のリサイクルということになるだろうか。

NPO法人による裁断くずのリサイクルは全国で二例目といい、これまでに裁断くずを溶解してリサイクル品を製造する例はあったが、このくずをそのまま使うのははじめてらしい。

昨年一一月三〇日に、商品として発表できたのは、裁断くず数十片を和紙の表面に漉き込んだ色紙と封筒であった。色紙は一枚二五〇円から三五〇円、その表装品は九〇〇円から一〇〇〇円、また、大・中・小三種の封筒各三枚セットは二五〇円から五〇〇円と価格設定した。

製品は縁起もよいと好評のようである。紙の国、俳句の町ならではの着想だが、漉き込みの加工はプロジェクトのメンバーでもある愛媛紙版株式会社（代表・宮内豊、四国中央市）が引き受け、目下、チャレンジドの作業としては、製品化最終工程のシール張りと袋詰めが実現しており、月収一万円が現実味を帯びてきたという。また、この事業は県全域に広げたいとしている。

写真7―4　日本銀行券の裁断片を漉き込んだ色紙

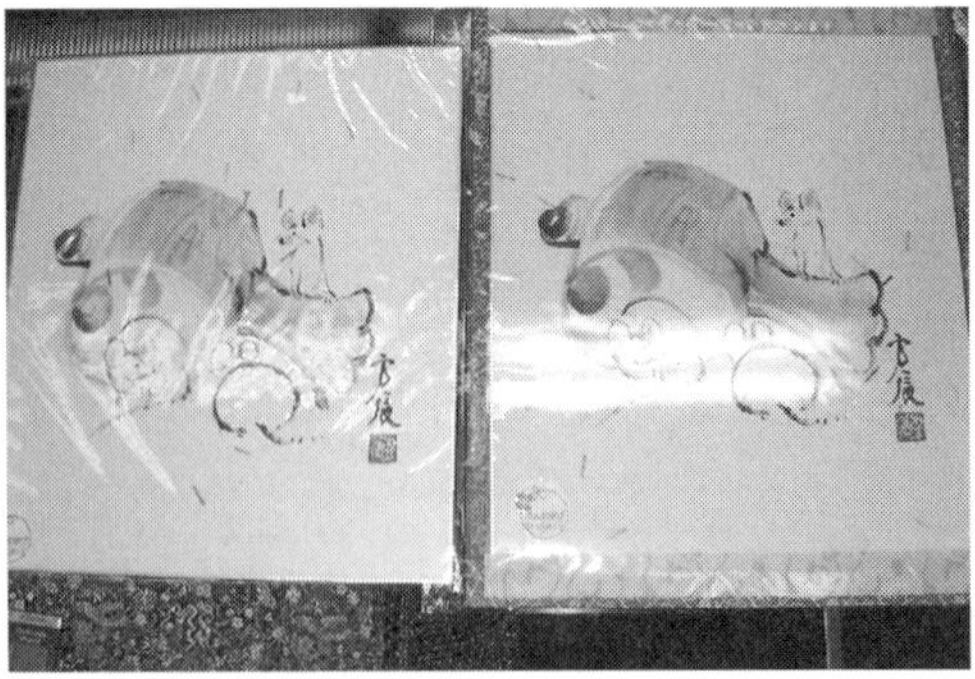

このプロジェクトが心強いのは、実にいろいろの分野の人たちの参入が続いており、役割を分担して活動する人がすでに一〇〇人を超えていることである。

志のプロジェクトと愛信参加の継続を祈りたい。継続が「えん」を大きく強くしていくのではないだろうか。継続は信用金庫の得意芸でもあるのである。

Ⅲ　大都市の中の信用金庫

第八章　超高齢社会の先進的モデル形成
――福岡ひびき信用金庫（福岡県北九州市）

山藤竜太郎

北九州市の人口は九八万六〇四七人（二〇〇八年三月一日現在）、関門海峡に面する政令指定都市であり、北九州工業地帯の中心都市でもある。北九州市は新日本製鐵八幡製鐵所を中心に鉄の街として隆盛を誇り、石炭産業で栄えた筑豊地方と隣接する地域であった。しかし、一九七六年には筑豊地方最後の炭鉱である貝塚炭鉱（宮田町、二〇〇六年に若宮町と合併して現在は宮若市）が閉鎖され、八幡製鐵所も合理化を経て一九八八年に高炉一基体制となり、長い低迷の時代を経験して来た。

近年では、中国の経済発展にともなう鉄鋼ブームで製鉄業が再び活況となり、日産自動車やトヨタ自動車九州の進出により、北九州市周辺は自動車産業の巨大な産業集積が形成されつつある。しかし、それまでの苦しい時代にこの地域を支えてきたのが、北九州市を主な営業地域とする福岡ひびき信用金庫（以下、ひびき信金）であった。

ひびき信金は経営理念の第一に「地域社会の繁栄ある未来を希い、地域とともに歩みます。（地域繁栄、金庫共栄）」と掲げ、地域の繁栄と自らの繁栄を一致させてきた。地域金融機関としての信用金庫は、金融を通じて中小企業の経営を支える重要な役割があり、地域に不可欠の存在だとされている。(1) さらに狭義の金融だけでなく、顧客が必要とする幅広いサービスを提供することで付加価値を高める方向性が模索されている。(2)

信用金庫に求められるサービスが広がりを見せる中、ひびき信金も地域行事ボランティアやサークル活動のような純粋な地域貢献、社会貢献から、福岡ひびき経営大学や福岡ひびき経営者賞のような本業に近いところでの地域貢献、社会貢献まで、さまざまな活動を地道に行ってきた。本業でもリレーションシップ・バンキングの機能を重視した方針を一貫して採用し、活力ある地域社会の実現を目指している。

写真8―1　福岡ひびき信金の本店

本章ではひびき信金の地域貢献、社会貢献について、金融だけでなくより幅の広い地域貢献、社会貢献も含めて検証していくことにしたい。特に、政令指定都市の中で最も高齢化が進んでいるという状況を前向きにとらえ、超高齢社会のモデルとなる取り組みを行っていることに注目した。

1　北九州市の発展を支える地域金融機関

ひびき信金のルーツは、一九二四（大正一三）年一月に設立された有限責任信用組合八幡庶民金庫と一九二六（大正一五）年七月に設立された有限責任八幡信用組合に遡ることができる。戦時体制の下、一九四三年一〇月には八幡庶民金庫と八幡信用組合が合併して八幡庶民信用組合となり、一九四五年六月には八幡市信用組合と改称した。

一九五一年の「信用組合法」により、同年一〇月に八幡市信用金庫として再スタートした。一九六三年二月に八幡市と小倉市、門司市、戸畑市、若松市の五市が合併して北九州市となり、同年四月に政令指定都市となったことに対応し、八幡市信用金庫から北九州八幡信用金庫へと改称した。その後も北九州市の経済発展とともに歩み、北九州八幡信用金庫は預金量九州第一位の信用金庫として成長した。(3)

二〇〇一年一一月に北九州八幡信用金庫（北九州市八幡東区）と若松信用金庫（北九州市若松区）が対等合併して第一次の福岡ひびき信用金庫となり、二〇〇三年一〇月には福岡ひびき信用金庫と北九州信用金庫（北九州市小倉北区）、門司信用金庫（北九州市門司区）、直方信用金庫（直方市）、築上信用金庫（豊前市）が対等合併して現在の福岡ひびき信用金庫となった。

ひびき信金の概要

二〇〇七年一二月期の会員数は七万四四六三人、出資金残高は三六億四〇〇〇万円、預金積金残高は六一二六億円となっている。店舗数は五五店舗、北九州市を中心に、前身金庫の拠点であった直方市や豊前市だけでなく、福岡県の中心である福岡市博多区、日産自動車の九州工場やトヨタ自動車九州の苅田工場のある苅田町や、トヨタ自動車九州の宮田工場のある宮若市など一三市町村に店舗網を有している。営業地域としては、関門海峡を挟んだ山口県下関市や、かつての豊前国としてつながりの深い大分県中津市など幅広いエリアに渡る。

北九州市は日産自動車のルーツの場所である。日産自動車の前身は、一九一一（明治四四）年に設立

図8—1　ひびき信金の営業エリア

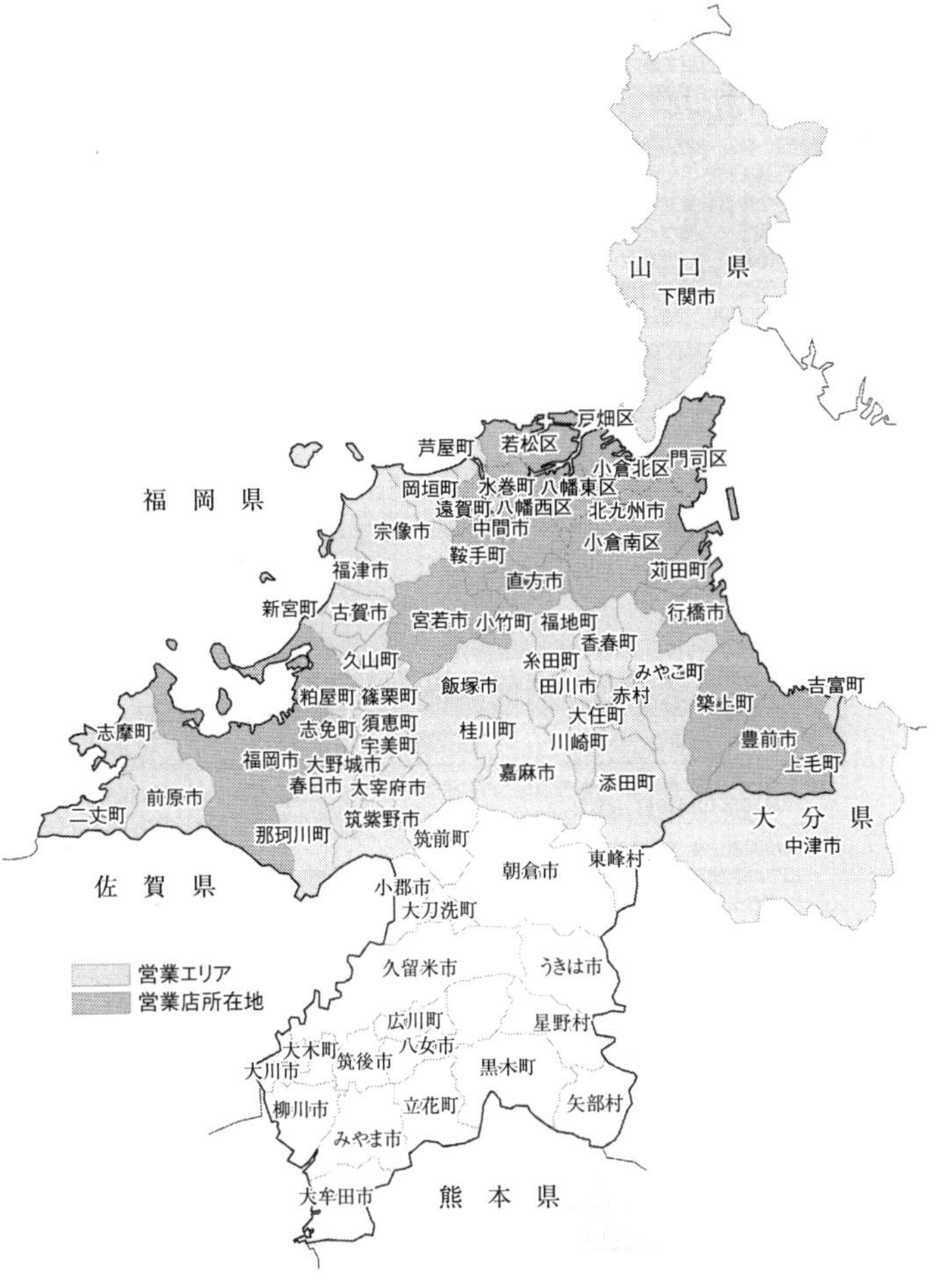

された快進社自動車工場（東京府）と一九一九（大正八）年に設立された実用自動車製造株式会社（大阪府）が合併してできた、ダット自動車製造（大阪府）である。そのダット自動車製造を一九三三（昭和八）年に戸畑鋳物株式会社（戸畑市、現在の北九州市）が買収し、翌一九三四年に日産自動車株式会社に改称したのである。

日産の九州工場は一九七五年七月にエンジン工場としてスタートした。翌一九七六年一二月にはダットサントラック六二〇型の製造が開始され、一九八二年のシルビア生産開始以来、乗用車生産が中心となっていった。二〇〇四年一二月には累計生産台数一〇〇〇万台に達し、現在では日産で最大の生産能力を持つ工場となっている。

また、一九九一年二月にトヨタ自動車九州は宮田町に設立され、宮田工場（一一三ヘクタール）で二〇〇二年一二月から年産二三万台規模で操業を開始している。二〇〇五年九月にはレクサス専用の新ライン（年産二〇万台）が宮田工場に新設されるとともに、同年一二月には自動車用エンジン（年産二二万基）やハイブリッドシステム用部品を製造する苅田工場が設立された。二〇〇八年には苅田工場でのエンジン生産能力を四〇万台まで拡大するとともに、ハイブリッドシステム用部品の製造を近隣に新設する小倉工場に移管する予定である。

現時点では資金需要の大きい地域は、市役所が置かれ北九州市の中心として発展している小倉区であるが、裾野の広い自動車産業の集積は、中小企業の資金需要を増加させる可能性が高い。ひびき信金は八幡製鐵所の企業城下町であった八幡東区を中心に成長してきたが、これからは小倉区を中心とする北九州市、さらには自動車の産業集積が広がる一帯をカバーする地域金融機関として発展する可能性が広がっている。

2　人を組織する地域貢献活動

ひびき信金では地域貢献、社会貢献の活動を「地域行事ボランティア」「サークル活動」「地域振興への貢献」の三つに分類している。それを示したものが図8―2である。「地域行事ボランティア」と「サークル活動」は「地域サービスの充実」としてまとめられ、本業とはやや離れた純粋な地域貢献、社会貢献である。「地域振興への貢献」は足立山麓文化村の観月会など文化活動も含まれるが、「福岡ひびき経営大学」や「福岡ひびき経営者賞」など本業と関わりのある地域貢献、社会貢献も行われている。ここでは特に、「地域行事ボランティア」と「サークル活動」という、「地域サービスの充実」に注目したい。

サークル活動

サークル活動については、三〇歳までを対象とする「イングスクラブ」、四七歳までの若手経営者を対象とする「ひびしんニューリーダー会」、ミニ商工会議所的な存在としての「ひびしん同友会」、高齢者を対象とする「ひびしん寿会」、女性を対象とする「ひびしんすみれ会」など年代や目的別に様々なサークルが組織されている。

ひびしん同友会は四〇支部一五〇〇人の会員を有し、谷石喜一理事長が休日でも各種イベントに参加

図8—2　ひびき信金の地域貢献、社会貢献

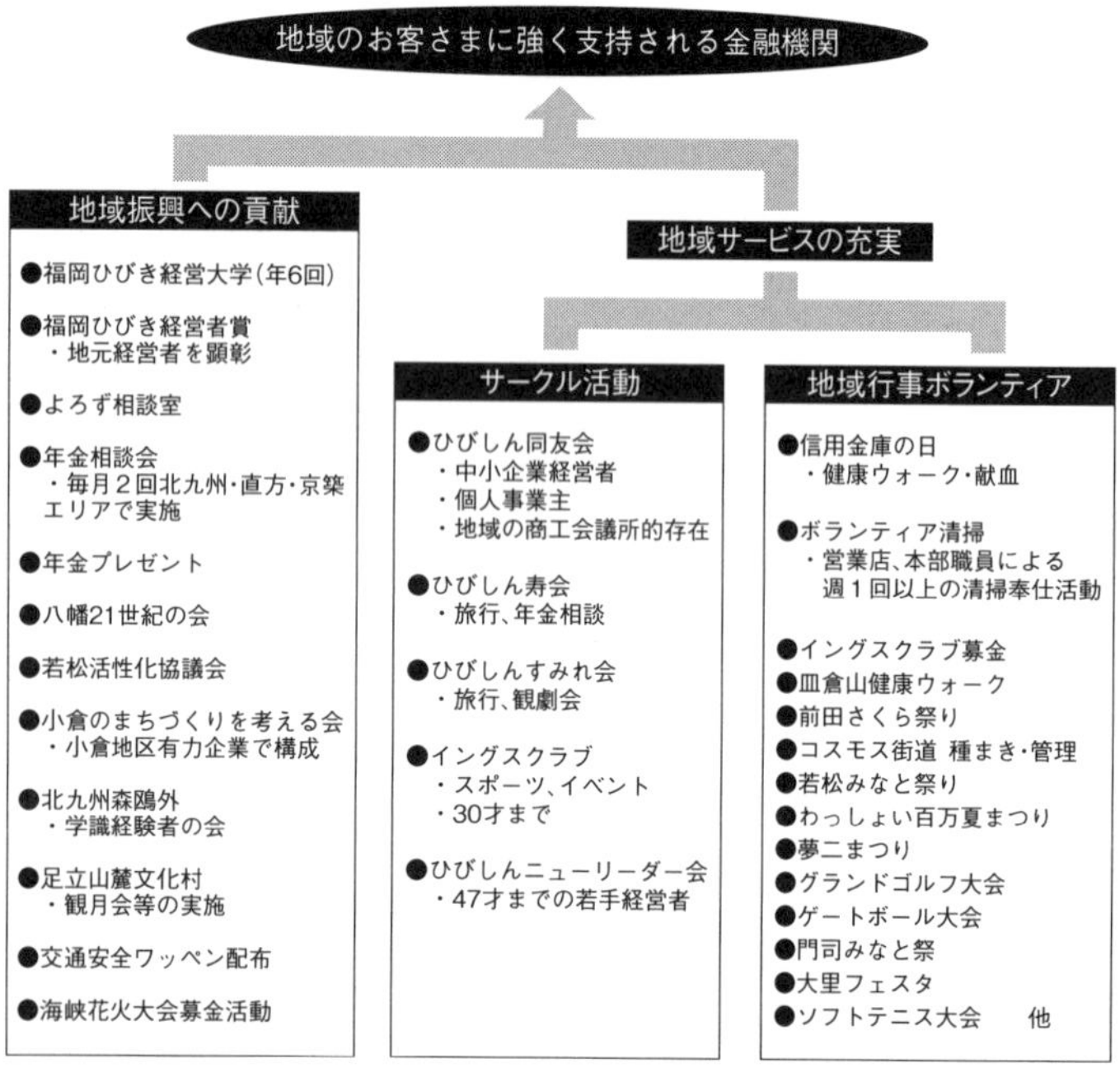

しており、谷石氏は「顔の見える経営とよく言うが、私は顔を見る経営に徹する」と語っている。[4] ひびしん寿会やひびしんすみれ会は旅行などの各種のイベントを定期的に行っており、これを楽しみにしている会員や家族が数多くいる。こうした会員、家族との密接な関係づくりこそが、地域金融機関としての信用金庫のベースとなる。

地域行事ボランティア

地域行事ボランティアで特徴的なのは地域の祭への参加であり、例えば「門司みなと祭」は門司港に国際航路が開通したことを記念して一九三四年から開催されている伝統ある祭である。祭の中心となるのは、飛

び入り歓迎で毎年一〇〇〇人は参加する総踊りと、二五〇〇人で練り歩く祝賀パレード。ひびき信金は祝賀パレードに毎年参加し、二〇〇七年は八匹の動物の仮装で子どもたちの人気を集めた。

「わっしょい百万夏祭」は、もともとは北九州青年会議所が一九七三年から開催していた「まつり北九州」を起源とし、一九八八年の市制二五周年を期に北九州市に実行母体が移された北九州市をあげての祭である。例年一五〇万人以上の来場者があり、北九州市の夏を代表するイベントとなっている。ひびき信金は二〇〇四年から参加し、二〇〇五年から三年連続で入賞している。二〇〇七年はひびき信金の一一五人が踊り、「ユーモア賞」を受賞した。

少子高齢化が進む日本では、全国各地で地域の祭の維持が困難になってきている。市町村の合併や財政悪化の影響で自治体職員が減少し、こうした人びとが支えてきた祭の継続が危ぶまれるようになっている。北九州市は人口規模こそ約一〇〇万人と大きいものの、高齢化率は二二・二パーセント（二〇〇五年一〇月一日現在）と政令指定都市で最も高く、全国平均の二〇・一パーセント（同）をも上回っている。こうした中、地域住民をつなぐ存在である祭の維持への貢献は、重要な地域貢献、社会貢献活動といえよう。

3　経営者を支援する地域貢献活動

福岡ひびき経営大学

ひびき信用金庫の地域貢献活動のうち、本業にやや近い分野で行われているものが福岡ひびき経営大学と福岡ひびき経営者賞である。福岡ひびき経営大学は「中小企業経営者を支援すること」を目的に一九八五年に開校され、二〇〇七年度には第二三期を迎えている。期ごとに講座のテーマが設定され、二〇〇七年度のテーマは「指導者としての資質を磨く」である。二カ月に一度、本店大ホールに六〇〇人近い人びとを集めて行われる。二〇〇七年度の講座のテーマを記すと左記の通りである。

●第二三期講座のカリキュラム（二〇〇七年五月〜二〇〇八年二月）

第一回「中堅企業の人づくり作戦——実例から学ぶ」川喜多喬（法政大学教授）
第二回「人を育てる」林覚乗（高野山真言宗別格本山南蔵院住職）
第三回「北九州発グローバルナンバーワン企業を目指す」利島康司（安川電機社長）
第四回「経営とＩＴを結びつければ、会社が変わる」関隆明（ＩＴコーディネーター協会会長）
第五回「教育改革と日本」塩川正十郎（東洋大学総長）
第六回「日本経済の現状と中期展望」斎藤大紀（信金中央金庫総合研究所主任研究員）

講師陣は、地元優良企業の経営者から元大臣、住職まで多彩なメンバーである。私たちが視察させていただいた第六回は「日本経済の現状と中期展望」についてと題し、年頭にあたり今年一年を見通す大きな視点からの講演であった。サブプライムローン（信用度の低い借り手への住宅ローン）問題の影響など世界経済に関する内容から、九州地区の景況感という地域の関心事項まで幅広い内容であり、年度末の繁忙期にもかかわらず大勢の聴衆を集めていた。講師を務めた斎藤氏は、㈳経済企画協会が実施している「ＥＰＦフォーキャスト調査」に参加する民間エコノミスト・研究機関の予測結果において、二年連続で的中率五位以内に入っているというトップエコノミストである。

福岡ひびき経営者賞

福岡ひびき経営者賞は、ひびき信金創立七〇周年を記念して一九九四年に設立された。「技術革新・商品開発部門」「販売・サービス部門」「人事・労務管理部門」「地域社会貢献部門」「特別賞」の五つの部門で表彰を行っている。二〇〇四年には一〇周年記念として第一回から第一〇回までの受賞者が一同に会するパーティーを行うとともに、『福岡ひびき経営者賞、一〇年のあゆみ』という冊子を発行している。この冊子は大好評を得て、第二四回信用金庫ＰＲコンクールのＰＲ冊子部門で優秀賞を受賞している。

写真８―２　福岡ひびき経営大学

福岡ひびき経営者賞の二〇〇七年の第一三回の受賞者は三部門四人である。各支店から推薦された数十件の候補の中から厳選され、二〇〇七年度の「販売・サービス部門」「人事・労務管理部門」のように該当者なしという場合もある。

【技術革新・商品開発部門】

有限会社シーム　尾上凉氏（曽根支店推薦）

業種：農業・園芸用のプラスチック製品の製造販売／受賞理由：野菜栽培農家・園芸家の作業効率の向上と収穫量の増加に貢献する製品を開発商品化した。意匠登録七件あり。

ＫＴプロダクト　大場信昭氏（おんが支店推薦）

業種：電動アシスト自転車の製造販売／受賞理由：一般的な電動アシスト自転車に対し、ホイールインモーターと鉛無液シールド電池等の組み合わせで、バイクに近い電動アシスト自転車を開発した。

【地域社会貢献部門】

有限会社　大貝写真館　大貝幸史氏（黒崎支店推薦）

業種：写真撮影業／受賞理由：ボランティアで一九五五年から現在まで北九州市内に在住の高齢者を撮影し、敬老の日に写真をプレゼントしており、親子二代にわたりお年寄りやその家族に笑顔を与え続けている。

【特別賞】

サロンド麗花　入田勢津子氏（三萩野支店推薦）

業種：美容業／受賞理由：独立開業四〇年間美容院を経営しているが、六八歳で日本初のスロープ付移動福祉美容車の特許を取得し、高齢化社会に対応した高齢者に優しい美容事業を展開している。

二〇〇七年の受賞者の特徴として、「地域社会貢献部門」「特別賞」の二つの賞が超高齢社会を先取りする活動に対して授与されている。先に述べたように北九州市の高齢化率は政令指定都市の中で最も高いが、これをマイナスではなくプラスにとらえる姿勢が見られる。大庭和巳氏（審査部企業支援グループ長）も、「介護福祉の先進地域として北九州モデルを作りたい」と語っていたが、地域貢献、社会貢献のあり方の一つとして、超高齢社会に対応する活動の支援を行っている。

4　地域と連携する活動

地域密着型金融推進計画

ひびき信金は、二〇〇三年四月から二〇〇五年三月まで「リレーションシップ・バンキングの機能強化に関するアクションプログラム」、二〇〇五年四月から二〇〇七年三月まで「地域密着型金融の機能強化の推進に関するアクションプログラム」を推進してきた。

写真８―３　大庭和巳氏（ひびき信金）

これらのアクションプログラムの経験を活かし、①ライフサイクルに応じた取引先企業の支援強化、②中小企業に適した資金供給手法の徹底、③持続可能な地域経済への貢献、を三つの柱として「ひびしん地域密着型金融推進計画」を策定し、二〇〇七年四月から推進中である。

③持続可能な地域経済への貢献の中には、「北九州市が進める企業誘致に伴う従業員向け住宅確保と、市内中古住宅活性化を図るため、住宅管理会社と情

報、金融面で連携する」という項目が存在する。先にも述べたように、北九州市および周辺地域には日産自動車やトヨタ自動車九州を軸として巨大な産業集積が形成されつつある。こうした従業員の住居について、かつては会社側が社宅を用意したものであったが、近年は身軽な経営を目指して社宅など福利厚生施設を自社では所有しない例が多い。

北九州市として企業誘致を進める中で、人材の確保とともに、住宅の確保が重要になっている。マンション市場は圧倒的に新築需要が大きく、北九州市内で販売されるマンションは年間七〇〇〇戸前後であるが、そのうち中古マンションは一〇〇〇戸前後と一五％にも満たない。一方では既存のマンションのストックが存在し、この活用が求められている。福岡県全体の目標として、二〇一五年にはマンション市場の二五％を中古マンションが占めるよう目指しており、中古マンション市場の活性化のため、ひびき信金は北九州市内のデベロッパー等との連携を図っている。

超高齢社会、人口減少社会を迎えた日本にとって、新築需要だけでなく既存のストックを活用し、リフォームなどを加えて付加価値を高めるという手法は非常に重要になっている。

産学連携フェア

北九州市若松区にある北九州学術研究都市には、国公私立の四つの大学、一〇カ所の研究機関、五五社の企業が入居している。開発総面積は三三五ヘクタール、計画人口一万二〇〇〇人の大規模な研究拠点である。北九州市立大学と福岡大学が環境工学関係に力を入れており、日本一のエコタウンと言われる北九州エコタウンとの相乗効果も期待される。

●北九州学術研究都市に入居している大学・大学院

（公立）北九州市立大学・大学院　国際環境工学部・国際環境工学研究科
（国立）九州工業大学大学院　生命体工学研究科
（私立）福岡大学大学院　工学研究科
（私立）早稲田大学大学院　情報生産システム研究科

二〇〇七年一〇月三一日から一一月二日までの三日間にわたり、㈶北九州産業学術推進機構の主催で第七回産学連携フェアが開催され、後援機関の一つとしてひびき信金が加わっている。二〇〇七年の第七回の来場者は一万〇一一八人と、二〇〇六年の第六回の七二三三人に比べて約四〇パーセントも増加しており、認知度の高まりとともに注目も集まっている。

日本では産学連携が必ずしも活発ではないが、北九州学術研究都市ではイギリスのクランフィールド大学や中国の清華大学、上海交通大学といった、(5)産学連携に活発な国々の大学の研究所を誘致することで産学連携のノウハウを蓄積しつつある。産学連携における金融機関の重要性が指摘されており、大学発ベンチャーの資金調達の問題や、(6)企業と大学とのマッチングの問題なども注目を集めている。

ひびき信金はこうした問題に対応するため、二〇〇五年一〇月に「ひびしんキャピタル㈱」と「ひびき北九州企業育成ファンド」を設立している。ひびき北九州企業育成ファンドでは、㈶北九州産業学術推進機構をはじめとした北九州市の関係団体との連携により、投資先が必要とする技術や経営情報の提供なども行っている。

5　北九州市のまちぐるみの活動

夢追塾

ひびき信金は北九州商工会議所にも人員を派遣し、北九州市の事業である「生涯現役夢追塾」（以下、夢追塾）にも講師を派遣している。団塊世代の大量退職を迎える二〇〇七年問題が盛んに報道されていた二〇〇六年六月、全国初の団塊世代向け人材育成事業としての夢追塾が開始された。

第一期は①起業独立コース、②地域企業支援投資コース、③指導者育成コース、④NPOコースの四つのコースが設けられ、第二期は①起業独立コース、②コミュニティビジネスコース、③コーチングコース、④NPOコースの四つが設けられている。二年連続して起業独立コースなどが設定されているため、市役所の中でも産業関係の部局が担当しているかと思われがちであるが、夢追塾は高齢者福祉課の担当である。

この背景には一九七九年に開設された年長者研修大学校が存在する。年長者研修大学校は毎年多数の受講生を集めてはいるが、家庭菜園や実用書道など趣味的なカリキュラムが中心であり、生涯現役を望む人びとのニーズに応えきれなくなっていた。そこで前市長の末吉興一氏（現、外務省参与）の提唱により、二〇〇五年に生涯現役型学習プランの策定委員会が設置された。二〇〇六年時点で五〇歳から六四歳までの市内人口が二二万人にも上る現状を踏まえ、新しい高齢者像を模索する中から夢追塾はスタートした。

第一期生は六二人、七割以上の人びとが現役として仕事を抱える中で出席率は九〇パーセント近くに達し、熱い想いを持つ人びとが活発に議論を重ねていった。全員が「夢探し」「自分探し」「コーチング」の総合コースを受講した上で、①起業独立コースが一四人、②地域企業支援投資コースが一一人、③指導者育成コース一九人、④NPOコースが一九人とそれぞれの専門コースを受講。修了後の希望としては起業独立が六人、ベンチャー支援が六人、コンサルタントとして独立が一六人、NPO法人を設立が八人などとなっており、修了前の二〇〇七年一月時点で既に実施中の方が五人も存在した。

夢追塾の中心人物の一人である立石志津さん（高齢者福祉課）によれば、入塾当初は第二の人生について明確な目標を抱いていなかった方々が「やっぱり活躍したかった」と語るようになり、夢追塾を通じて積極的な姿勢になることが印象的であったとのことである。まさに、夢の実現の場、として夢追塾が機能し始めている。

この第一期生の大部分にあたる五六人のインタビューをまとめたものとして、『夢追い人』という書籍が発行されている(7)。北九州市立大学の城戸宏史准教授が中心になり、団塊世代の塾生と北九州市立大学、九州大学、西南学院大学の学生が協働で「団塊の世代オーラルヒストリープロジェクト」を推進した。二〇〇六年一〇月から二カ月間、毎日のようにインタビューが続けられ、団塊世代と若者が交流を深める中で一冊の本として完成したのであった。

『夢追い人』をベースに「生涯現役型社会を考えるトップ会談」として、二〇〇七年三月三日に「夢追いサミット」が開催された。吉本興業の元常務である木村政雄氏による「五〇歳からの自分興し」と題した基調講演に続き、一橋大学の関満博教授をコーディネーターとする「地域間交流」と、城戸宏史准教授（一九六四年生まれ）をコーディネーターとする「世代間交流」の二つのパネルディスカッションが開催された。この夢追いサミットの取り組みが高く評価され、内閣府の市民活動団体等支援総合事業の一つに選定された。

第二期生も二〇〇八年三月八日に無事に修了式を終え、二〇〇八年六月からは第三期生が入塾する予定である。夢追塾の評価委員会にはひびき信金会長の古川育史氏も参加し、第三期までを総括した上で、ＮＰＯ法人化も視野に入れて夢追塾は新たな段階へと踏み出すことになる。

写真９—４　『夢追い人』

日本全国の地域を見ていくと、活力のある地域は地元金融機関、行政、商工会議所のいずれかが積極的に地域貢献活動を行っていることに気づかされる。各地の若手経営者育成塾の運営母体を見ても、岩手県花巻市は花巻信用金庫、岩手県北上市は北上市役所、新潟県柏崎市は柏崎商工会議所（柏崎青年工業クラブ）が中心となっている。人口一〇万人クラスの都市であれば、地域金融機関、行政、商工会議所のどれか一つが力を出せば、地域を変える原動力になることができる。しかし、政令指定都市クラスになると、三者がそれぞれに力を出し、力を合わせて大きなうねりを作らなければ地域を変えることはできない。

北九州市は政令指定都市の中でも比較的早い時期に経済発展のピークを迎えたからこそ、超高齢社会にいち早く直面している。ひびき信金の地域貢献、社会貢献においても超高齢化社会が抱える問題との関係が明瞭に浮かび上がってきた。超高齢化社会に対応する活動への支援を続け、全国、特に東京など他の大都市のモデルとなる先進的な事例を積み重ねて欲しい。さらに、ひびき信金と北九州市役所、北九州商工会議所などとの連携も深めていくことも重要である。そのことこそが、ひびき信金と北九州市に求められる役割であることはいうまでもない。

(1) 安田原三・相川直之・笹原昭五編『いまなぜ信金信組か』日本経済評論社、二〇〇七年。
(2) 巣鴨信用金庫創合企画部『ホスピタリティ——CS向上を目指す巣鴨信用金庫の挑戦』金融財政事情研究会、二〇〇七年。
(3) 信用組合法制定後の信用金庫の経緯については、全国信用金庫協会発行の『信用金庫史』および信金中央金庫発行の『全国信用金庫連合会史』に詳しい（『信用金庫二五年史』『信用金庫四〇年史』『信用金庫五〇年史』全国信用金庫協会、『全国信用金庫連合会二〇年史』『全国信用金庫連合会三〇年史』『全国信用金庫連合会四〇年史』『全国信用金庫連合会五〇年史』信金中央金庫）。
(4) 「福岡ひびき信用金庫理事長谷石喜一氏——福岡市進出、法人に的」（『日経金融新聞』二〇〇七年三月九日第九面）。
(5) 中国の産学連携については、関満博編『中国の産学連携』新評論、二〇〇七年、を参照。
(6) 大学発ベンチャーの資金調達については、スコット・シェーン『大学発ベンチャー』中央経済社、二〇〇五年、を参照。
(7) 安立清史・城戸宏史編『夢追い人』里山を考える会、二〇〇七年。

第九章　地域文化貢献から、地域ビジネス貢献へ向かう
――多摩信用金庫（東京都立川市）

関　満博

多摩信用金庫（以下、多摩信）の前史を記述した『多摩の歩みとともに』（多摩中央信用金庫、一九七四年）をひもとくと、以下のような記述が目に入った。「昭和五（一九三〇）年といえば、昭和二年に起きた金融恐慌の悪夢もさめやらず、国の政策で銀行の合併促進、つまり『銀行合同』が進められているときでした。当時、立川には多摩農工銀行、武陽銀行、三十六銀行がありましたが、融資の条件はかなり厳しかったようで、中小商工業者が借入をするというのはたいへん難しく、町民は不便を感じていたといわれていいます。そんな状況下に期せずして、中小農商工業者。一般町民の『相互扶助』を旗印にした信用組合設立の声が起こりました。そこで立川町の町長……を中心とする地元有志四七名が設立発起人となり、……昭和五年……東京府知事宛に設立申請書を出しました[1]」とされている。

現在の多摩信用金庫の前身である有限責任立川信用組合の開業は一九三三（昭和八）年一二月であるが、設立の背景からして「地域貢献」「中小企業の相互扶助」が基本的な精神として貫かれてきたようである。

私自身、多摩信との付き合いは一九七八年の頃からであり、後にふれる多摩文化資料室に出入りし始めた頃に遡る。以来、私と多摩信との交流は三〇年となるが、その地域貢献、社会貢献の取り組みには称賛を禁じ得ない。そして、この三〇年を振り返って見て、二つの大きな画期があったことが注目され

る。それは、一九七〇年代中盤から登場し始めた中嶋榮治理事長（理事長在任、一九八〇〜九二年）の時代と二〇〇〇年代に登場した佐藤浩二理事長（二〇〇一年〜）の二つの時代に生じているように思う。多摩信の基本的な理念、それに優れたリーダーが加わり、多摩信の地域貢献、社会貢献は大きく進化してきたのであった。

本章では、主として以上の二つの画期に注目し、進化する多摩信の地域貢献、社会貢献を検証していくことにしたい。

1　進化していった地域文化活動

多摩信が目立った地域貢献、社会貢献に踏み出したキッカケは、今から三五年ほど前の創立四〇周年を記念する一九七四年の『多摩の歩みとともに』の刊行事業ではなかったかと思う。この記念誌を編集するにあたり、地域の多くの人びとから貴重な写真、資料の提供を受けている。この資料の再活用ができないかということが話題に登った。また、この当時のリーダーであった中嶋榮治氏が「これまでお客さんを年末に五〇〇〇人も新宿のコマ劇場に招待するなどは、もう止めよう。地域に貢献することを考えるべきだ」と語り始めたことが、一つの大きな突破口になっていった。

以来、多摩文化資料室の設置（一九七四年）、「たましんギャラリー」の設置（一九七四年）、「お茶の間の郷土誌」と言われる『多摩のあゆみ』の刊行（一九七五年）と続けていった。私自身、当時、多摩地域の八王子、青梅、村山の織物業の研究に力を注いでおり(2)、自然に多摩文化資料室のお世話になっていった。当時、金融機関がここまでやるのかと感動したことを覚えている。

写真9—1　『多摩のあゆみ』の近刊

多摩文化資料室と『多摩のあゆみ』

初期の多摩文化資料室は立川本店の中に設置されており、狭い資料室には多摩地域の知識人たちが出入りしていた。当時の資料室には編集者から転身してきた原嘉文氏（故人）、多摩信の職員であった新井俊夫氏、石川政江さんの三人が専任で詰めており、ホスピタリティに満ちた場を作り上げていた。特に、原氏のフットワークは軽く、私の難しい要求にも実にスムーズに応えてくれた。多摩地域はかなりの人口規模になっているにも関わらず、地域資料を一元的に管理する場がない。この多摩文化資料室がそのセンターになるという意気込みが感じられた。私自身も、研究の終わった郷土資料については一括して資料室に提供している。

この多摩文化資料室は一九七五年から季刊で『多摩のあゆみ』を刊行している。毎回、特集を立て、多摩関係の人びとが執筆していく。私自身も数回寄稿したことがある。この『多摩あゆみ』は一二〇～一三〇ページほどにまとめられ、現在では毎回一万六〇〇〇部が印刷され、多摩信の各支店の店頭で無料配布されている。この事業は多摩信の地域貢献、社会貢献の中でも特筆すべきものの一つであると思う。一九八〇年代の半ばの頃、多摩文化資料室で原氏と談笑していると、訪れてきた年配の方が「多摩信は素晴らしい事業をやっている。私も恥ずかしくない程度の預金もしています」と語るのであった。当初は八〇〇〇部から出発したのだが、確実に読者を増やし、定期的な読者に対しては、送料負担（年間六〇〇円）で送られている。二〇〇八年二月号で一二九号を数えた『多摩のあゆみ』は、多摩地域唯一の郷土誌として親しまれているのである。

写真9―2　たましんギャラリー

たましんギャラリーの設置

多摩地域の「希望の星」とも思えた多摩文化資料室の開設とほぼ同時（一九七四年）に、立川の本店九階を「たましんギャラリー」として興味深い取り組みを開始している。この開設の経緯は以下のように語られている。「当時、多摩地域には美術系大学が四校あり、作家も多く在住していましたが、作品発表の場がなく、展覧会においては上野、銀座まで足を運ばなければなりませんでした。『多摩地域に展覧会会場がない。』そんな声にお応えすべく七四年に、地域の美術作家に会場を無償で利用して頂く『たましんギャラリー』を本店九階に開設[3]」していったのであった。

このたましんギャラリーは、個展開催二週間、無料というものであり、現在でも相当先まで予定が埋まっている。多摩

写真9—3　御岳美術館の展示室

写真9—4　たましん歴史・美術館の入っている多摩信国立支店

地域の美術作家の登竜門として評価の高いものになっている。また、多摩文化資料室では、毎回、一点の作品を購入してきた。その数は現在一五〇〇点にもなってきた。そのため、一九九三年には、購入した作品を展示する美術館として、奥多摩に「御岳美術館」を開設している。また、これらの作品は各支店の店頭にも飾られ、市民の目を楽しませているのである。

たましん地域文化財団の設立

一九七四年以来、郷土資料の収集、『多摩のあゆみ』の刊行、「たましんギャラリー」の展開を続けてきた多摩文化資料室は、一九九一年、その発展的拡大を目指して「財団法人たましん地域文化財団」に衣替えしていく。併せて、活動拠点が国立支店に移されていった。場所も広くなり、五階が資料室、六階が美術館となり、セミナー会場も併設されている。六階の美術館は「たましん歴史・美術館」と称し、特別展などを開催している。この結果、多摩信は、立川の「たましんギャラリー」、奥多摩の「御岳美術館」、そして、国立の「たましん歴史・美術館」の性格の異なった三つの美術館を運営することになっているのである。

写真9―5　たましん歴史資料室

現在、これらの運営母体となっているたましん地域文化財団は、館長には多摩信の現役の職員が就き、学芸員（陶芸、歴史、地理）が三人、その他パートタイマーで運営されている。また、蓄積のある資料収集、『多摩のあゆみ』の刊行、美術館の管理、セミナーの開催などに加え、一部に出版事業も行っている。特に、出版に関しては、地元の出版社（立川、けやき出版）と協力し、いくつかの実績を上げている。多摩文化資料室の時代からすでに三十数年、多摩信の地域文化に対する活動は地域に深く浸透してきたのである。

2　ビジネスに近い部門の地域貢献、社会貢献

私自身、三〇年前から多摩信の地域活動に付き合ってきた。日

本の金融機関でこれほどの地域貢献、社会貢献をしている所はないと常に敬意を表してきた。ただし、地域産業問題を専攻している私には、多摩信の本業に近いところでの取り組みにややもの足りなさを感じ、十数年前から幹部の方に「本業に近いところで、何か新たな地域貢献、社会貢献はできないものか」と提案してきた。特に、多摩地域は織物業の伝統はあるものの、近代産業の歴史が浅い。そして、近年、急激にハイテク産業化を進めているものの、企業間の交流が乏しいなどが指摘されていた(4)。そのためには、多摩信が中心になって「交流の場」を作ることを私は進言していた。それに対し、幹部たちは「そのうち始めます。見ていてください」と言うのであった。

多摩信が価値のない金融機関になっている

こうして、多摩信の地域貢献、社会貢献は「第二の局面」を迎えていく。それは、二〇〇一年六月、現在の理事長である佐藤浩二氏（一九四二年生まれ）が登場してからのことであろう。佐藤理事長は就任後、半年をかけて約七〇〇社の多摩信をメインとする顧客を訪問している。現在でも年に数百社の訪問を重ねている。就任直後の訪問により、「背筋の凍る思いをした」と振り返っている。佐藤理事長は以下のような点を痛感したとしている。

① 時代が変わった。
② 金融機関に対する信頼がない。
③ 多摩信が価値のない金融機関になっている。
④ 各企業は自助努力で乗り切るしか道はなくなっている。

⑤　だめな理由を時代のせいにしている経営者もいる。

本来、地域金融機関の存在価値は「地域の企業や住民との共存共栄であり、地域で集めた資金を経営基盤の脆弱な企業や資金調達力の乏しい個人経営者に対して、しっかりと事業継続のための資金を潤沢に供給し続けることがその役割であり、それこそが地域金融機関としての存在価値である(5)」。

このような基本理念に基づき、佐藤理事長は何よりも「地域金融機関としての信頼の回復が必要」と痛感する。顧客への訪問、悩みや課題の共有、そして課題解決に向けた取り組みを徹底的に行うことにしていった。それは、顧客が「時代と言う逆境と必死に戦っている中で、多摩信も一緒になって戦っていく」ということを意味する。

写真9—6　佐藤浩二理事長

このような中で、佐藤理事長は二〇〇三年五月一八日、テレビ朝日の「サンデープロジェクト」に出演した際、爆弾発言をしたとされている。当時の金融機関への規制が厳しくなる中で、「貸せない所でも、真剣に取り組んでいるところには『貸す』」「信金として自己資本比率が高いことは、むしろ恥ずかしいことだ」と発言したのであった。当時の状況の中では、「勇気ある発言」として注目を浴びた。

多摩ブルー・グリーン賞の創設

このような認識の下に、二〇〇一年には本部の中に一六人のメンバーによる法人渉外担当を配置し、取り引きのない企業を一年間で各人一〇〇社の計一六〇〇社の「現場」を回らせた。その結果、地域金融機関として、多摩信は「改めて、一歩踏み込んでいかなくてはならない」ことを知る。そして、二〇〇二年四月一日、多摩信の主要メンバーが私の研究室に訪ねてくるのであった。このあたりから事態は急転回を始める。

彼らは開口一番、「多摩ブルー・グリーン賞というものを始めたいが、どうか」というのであった。ようやく多摩信も業務に近いところで地域貢献、社会貢献に踏み出そうとするのかと、感慨深いものがあった。その晩は、彼らと多くの可能性について語り合った。多摩地域にも新しい時代が到来しつつあることを痛感させられた。

写真9—7　第5回多摩ブルー・グリーン賞表彰式

この「多摩ブルー・グリーン賞」とは、多摩地域の中小企業の活性化と地域経済の振興に寄与することを目的に、優れた技術やビジネスモデルを展開している中小企業、団体、個人事業主を表彰するものである。「多摩ブルー賞」は優れた技術を持つ企業、「多摩グリーン賞」は優れたビジネスモデルを有する企業を対象にしている。ブルー賞、グリーン賞それぞれの最優秀賞には表彰状の他に一〇〇万円の副賞、優秀賞には副賞として五〇万円が贈られる。毎年、賞金だけでも六〜七〇〇万円をかけているのである。

二〇〇三年度から開始され、毎年、応募が一五〇件程度、ブルー賞、グリーン賞合わせて毎年一〇件程度が表彰されている。私自身、この審査委員会の委員長の役に任じているが、応募されてくる各社の概要を眺めると、多摩地域の奥行きの深さを痛感させられる。

毎年、表彰式の後の講評の際には「賞というものは、受賞された方がさらに良い仕事をしていくことで、その評価が上がる。今後も精進されて、良い仕事をしていって欲しい」とお願いしている。

また、二〇〇五年末には、ブルー・グリーン賞の受賞者の数も三〇社（人）となってきたことから、受賞者（経営者）の交流の場を作ることを提案した。これを受けて多摩信は二〇〇六年一月に「多摩ブルー・グリーン倶楽部」の準備会的なものを発足させている。さらに、受賞者が五〇人を超えた二〇〇八年一月には、受賞者主体の「多摩ブルー・グリーン倶楽部」が正式に発足し、今後の活動方針なども協議され始めている。多摩地域の優良企業の交流と地域貢献、社会貢献を目指しているのである。

たましんブルームセンター

以上のような取り組みに加え、二〇年後、三〇年後の多摩地域の産業の中枢を担うことが期待される事業者や創業間もない企業に対して「創業支援」として積極的に関わることも強く意識していく。二〇〇三年には、京王八王子駅前支店のビルのワンフロア（七階）に創業間もない事業者を対象にスモールオフィスを廉価で提供する「たましんブルームセンター」と称するインキュベーション施設を設置して

図9—1　たましんブルームセンターの概念図

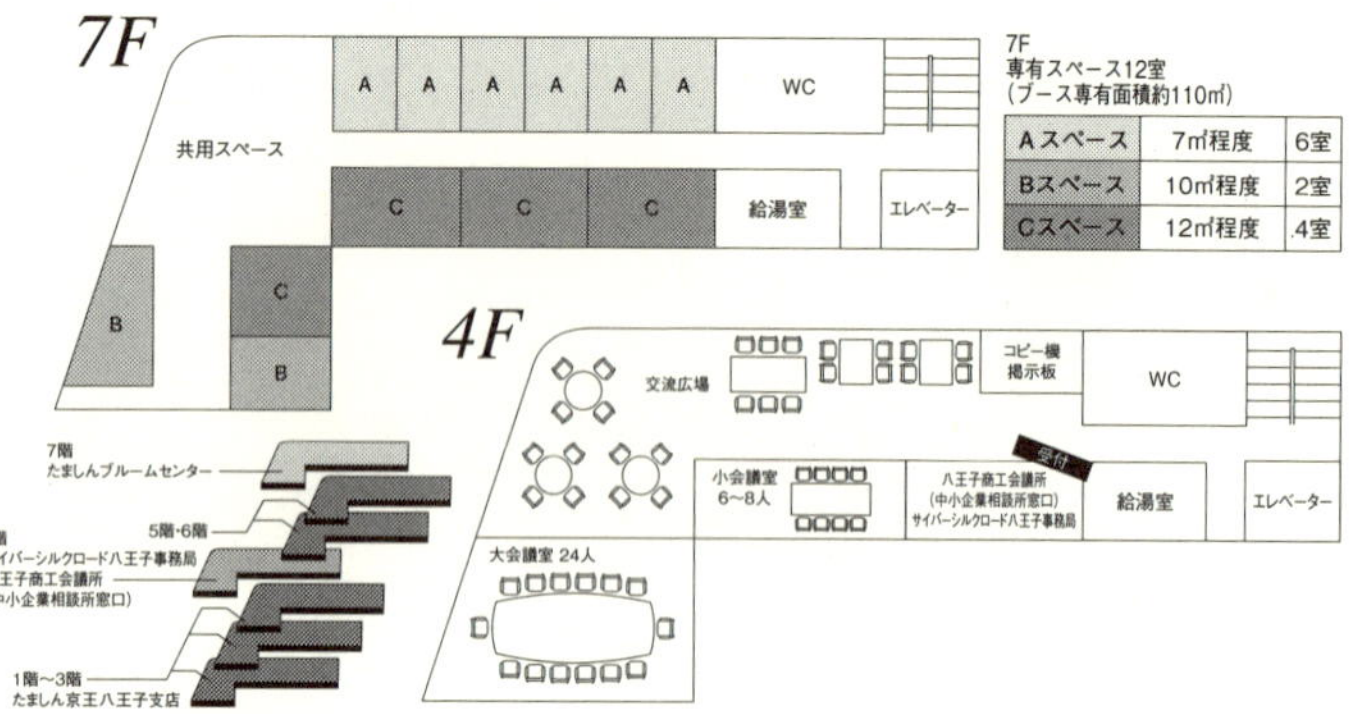

資料：多摩信用金庫

いる。光ファイバー敷設、共用会議室、二四時間利用可能なオートロック体制をとり、七～一二平方米の部屋が一二室提供されている。月の賃料は平米四五〇〇円だが、産業政策に意欲的になってきた八王子市役所から、五万円を上限に半額補助が提供されている。さらに、入居者に対しては創業支援の特別融資（限度額五〇〇万円、当初一年は年利一％の固定金利、担保・保証人は原則不要）が用意され、また、多摩信の専門的な職員が、定期的に経営相談に応じるなどの体制をとっているのである。

　さらに、このビルに関しては、八王子市の産業・企業支援[6]のボランタリーな組織であるサイバーシルクロード・八王子に対して四階のワンフロアを八王子市役所を通じて無償で提供している。近年、多摩[7]地域の中でも八王子市の産業支援の取り組みが目立っているが、多摩信もその主要な担い手の一人として興味深い取り組みを重ねているのであった。

産学連携の取り組み

近年、産学連携の必要性が叫ばれているが、日本は主要国の中で相当に遅れをとっている。この点、多摩信はこれまで多摩地域の代表的な理工系大学である電気通信大学、東京農工大学と連携し、展示会・商談会などを実施してきた。そして、二〇〇六年には産学連携の新しい形を模索して、地域の文系大学である一橋大学との連携を提案してきた。技術的な連携ではなく、経営的な側面での連携を模索しようというのであった。

多摩信側の提案に対し、一橋大学側では私が対応窓口となり実施の方法等の検討を重ねていった。二〇〇六年一〇月には第一回の「産学連携ビジネスDAY in 一橋大学」を開催した。参加者は四二五人にものぼった。地域の人びとの期待の大きさが伝わってきた。基調講演の後は四つの分科会に分かれ、三時間のラウンドテーブル方式のディスカッションを行った。テーマは「事業承継」「ブランディング」「社会貢献」「中国（海外進出）」の四つであり、一橋大学の専門の教授がコーディネーターとなり、地域の関係する中小企業の経営者等に登壇してもらい、熱心な議論が重ねられた。交流会も賑やかなものであり、参加者は新たな可能性を感じたようであった。この取り組みは、全国的にも例を見ないものとされ、二〇〇七年一一月に第二回が実施されている(8)。

また、多摩地域は七〇以上もの大学があるが、多摩信は社団法人学術・文化・産業ネットワーク多摩と連携し、魅力的なホームページ作成を希望する中小企業と大学生をマッチングする事業も行っている。大学生が地域の中小企業に実際に訪問するというインターンとしての性格も帯びる事業である。この事業は「学生が作る!! 中小企業ホームページグランプリ多摩」というものであり、視線を大企業や都心に向けがちな大学生に地元に関心を持ってもらおうというものである。

以上のように、二〇〇〇年代に入ってから、多摩地域のいろいろな所で、ビジネスをめぐり興味深い取り組みが開始されているのである。

3 「多摩らいふ倶楽部」と「ＢＯＢ」

以上のような大きな二つの流れに加え、多摩信の地域貢献、社会貢献にはもう一つの流れがある。それは多摩に暮らす人びとを対象にした「多摩らいふ倶楽部」と法人総合サービスの「ＢＯＢ」というものである。むしろ、多摩らいふ倶楽部の取り組みが、法人サービスのＢＯＢに展開していったという興味深い流れを形成している。

多摩らいふ倶楽部のスタート

一九九七年の頃、多摩信国立支店の顧客から「既存の高齢者向けの組織にはあまり関心が持てない。地元の国立のことを学ぶ機会がないか」などの問い合わせが寄せられてきた。時は、団塊世代が五〇歳代に入りつつある頃であり、近い将来、団塊組がリタイアした後の「生き方」が問われ始めている頃でもあった。当時の国立支店長の古瀬逸夫氏（現、常務取締役）は、こうした動きに敏感に応え、「多摩らいふ倶楽部」を構想し、展開していくことになる。その基本理念は以下のようにまとめられている。

① 五〇歳になったら「多摩らいふ」。
② いつか必ず地域に帰る。
③ 地域に帰ればただの人。

このような状況を突破するものとしてスタートしていく。当初は国立支店を軸に国立の歴史などを学ぶ形でスタートした。また、当時、多摩信の年金の振込件数が信金業界で日本一であったことから、地域に何か貢献できないかと考え、その後、多摩信全体の事業の「多摩らいふ倶楽部」として発展していくことになる。基本的な枠組みとしては「健康」「学ぶ」「遊ぶ」「地域」の四つが掲げられ、多様な企画が積み重ねられていく。この活動の推進は、多摩信の別会社である㈱多摩情報メディアが行っている。スタッフは一〇人（正社員二人、嘱託二人、パートタイマー六人）の女性で構成されている。当初のスタッフは三人であったのだが、次第に事業の幅が拡がっていった。

写真9―8　多摩らいふ倶楽部は主として女性スタッフにより運営されている

多摩らいふ倶楽部の事業

多摩らいふ倶楽部の事業は多岐にわたるが、特に注目すべきは「多摩の大人の暮らしを再発見する」という隔月誌『多摩ら・び』の発行と、「多摩の散歩」「多摩のとっておき」「自然好き集まれ」「むかし道探検隊」「こだわりの旅」「多摩発！湯と酒紀行」などの「ほっとイベント」の開催であろう。

多摩らいふ倶楽部の会員資格は「多摩地域及びその周辺に居住もしくは勤務している方、または当倶楽部の趣旨に賛同いただける方（本会員は二〇歳以上）」とされている。なお、家族会員は四人まで登録できる。本会員の年会費は三一五〇円（家族会員の会費は無料）。二〇〇八年二月末現在、本会員数は一万七五九三人（家族を含めると三万二四一八人）となっている。そして、会員には『多摩ら・び』が送られていく。なお、『多摩ら・び』は二万四〇〇〇部発行され、五〇〇〇円で市販されている。会費は『多摩ら・び』分に相当することになる。

この『多摩ら・び』は一九九七年に創刊され、二〇〇八年二月で四八号を数えている。編集・発行は地元立川の出版社のけやき出版であるが、多摩信のメンバー、ボランティア団体、市役所職員、一般市民など、女性を中心に二カ月をかけて作成している。全体的な雰囲気としては、三〇～四〇歳代の女性が中心になって推進されている。

写真9―9　『多摩ら・び』最新号

もう一つの「ほっとイベント」は意外な規模で推進されていた。一九九七年からスタートし、すでに四〇〇〇回も実施されている。ほぼ毎日実施されているということではないかと思う。『多摩ら・び』の最新号を見ても、「春の寄せ植え」「人気パティシエが魅せるスイーツの実演とティーパーティ」「秩父三十四観音一番から五番」「六番から十番」「家庭で簡単にできる足もみで心も足もほぐしませんか」「丘の上から桜!!　滝山城址」「一日限り桜!!　日立中央研究所庭園で」など、六〇～七〇件ほどのイベントが掲示されていた。これだけのイベントを企画できる背景には、企画する女性たちのエネルギーに加え、多摩信の幅広い取引先の存在があるからこそと思う。

法人総合サービスの展開

この「多摩らいふ倶楽部」の経験を重ねていくうちに、多摩信は二〇〇三年、「多摩らいふ倶楽部」の法人版である「たましん法人総合サービスＢＯＢ」をスタートさせている。「ＢＯＢ」とは、Build up the Opportunity of Business の略であり「共にビジネスの機会を」を旗印に掲げている。このＢＯＢをスタートさせるキッカケとなったのは、先に指摘した佐藤理事長誕生後、二〇〇一年に一六〇〇社を訪問し、「課題解決のノウハウがない」「何が必要かを知った」ということにあった。企業の課題を「営業」「経営企画」「総務人事」などに見定め、それらに幅広く応えるための会員制組織として「ＢＯＢ」を発足させている。

年会費は三万七八〇〇円。二〇〇八年二月現在、会員数は二三三一社にのぼる。「営業支援」では「ビジネスマッチング」「情報誌『たまＮＡＶＩ』」「ざっくばらん交流会」「ニュースリリースサービス」「ホームページ開設サービス」「企業調査サービス」等を行っている。「経営企画支援」では「ビジネスリポート作成支援」「ＢＯＢマネジメントセミナー」「認定取得支援」「調査・情報サービス」「スペシャリスト相談サービス」などがある。「総務人事支援」では「ビジネス法令集」「ＢＯＢ合同研修」「健康応援」「福利厚生サービス」等を行っている。いわば、中小企業ではなかなか十分にはいかない部分を幅広くサポートしていこうとしている。

特に、近年では二〇〇四年から開催されている「多摩の物産＆輸入品商談会」や、ハローワークやしごとセンターと共同で二〇〇七年一二月からスタートしている人材確保のための「ワークチャンスフェア」を毎月開催していく構えであった。

4　地域経済社会の価値創造に向けて

多摩信は二〇〇六年一月に、多摩中央信用金庫を中心に八王子信用金庫、太平信用金庫が合併し、現在の多摩信用金庫になった。この合併により、二〇〇七年末には、出資金約一九一億円、店舗数七八店、役職員数約二〇〇〇人、総預金二兆〇六八五億円、貸出金一兆一六二七億円、業務利益五六億円、自己資本比率八・四六％となった。全国の信用金庫の中で、貸出残高では第九位、預金残高では第八位、業務純益では第六位に位置している。多摩地域のほぼ全域に支店網が展開され、多摩地域の中心的な地域金融機関となっている。

特に、二〇〇六年の合併を機に「価値創造」を中心テーマに掲げていることは興味深い。二〇〇八年には金融審議会による協同組合金融の信用金庫、信用組合の見直しが進められる。地域に立脚する信用金庫は地域の課題を中小企業や住民と共有し、その解決のために努力していかなくてはならない時代となってきた。地域の金融機関は、いわば「新たな価値」の創造の担い手として登場し、地域経済社会における主要なプレーヤーとして活躍していくことが期待されている。近年、大手銀行は地域との関わりを次第に薄いものにしている。そうした時代にあって、地域との密接な関係を形成していくことが求められているのであろう。

かつて、どこの信用金庫も対法人サービスについては、業務推進部などを設置して対応していた。多摩信の場合は、二〇〇六年の合併を契機に対法人サービス機能を本部に新たに設置された「価値創造事業部」に統合している。「価値のないものは生き残れない」という考え方であった。現有の価値創造事業部の陣容は九四人。通常の金融業務を超えて、新たな価値の創造に向かうことを任務としているようであった。

三十数年前に地域の歴史文化に貢献するところから始まった多摩信の取り組みは、二〇〇〇年代に入り大きく進化し、多摩地域の経済社会全体に深くコミットするものになっている。信用金庫の地域貢献、社会貢献の進化の過程を、この多摩信の三十数年の足跡に見ていくことができるであろう。そして、多摩信自身、地域金融機関の雄として、さらなる進化に向けて取り組んでいくことを求められているのである。

（1）多摩中央信用金庫『多摩の歩みとともに——多摩中央信用金庫創立四〇周年記念誌』一九七四年、五九ページ。

（2）私の多摩文化資料室の協力を得て作成した多摩地域の織物地場産業研究としては、青梅織物業を扱った『地域経済と地場産業』（新評論、一九八四年）、八王子織物業を扱った『伝統的地場産業の研究』（中央大学出版部、一九八五年）がある。

（3）多摩信用金庫提供資料。

（4）多摩地域のハイテク産業化については、関満博『現代ハイテク地域産業論』新評論、一九九三年、を参照されたい。

（5）多摩信用金庫内部資料『事業所取組総合マニュアル』二〇〇八年、六ページ。

（6）サイバーシルクロード・八王子については、甲谷勝人「地域の活性化を支援するとは——『つなぐ』に取組み、見えてきたあれこれ」（『地域開発』第五二〇号、二〇〇八年一月）を参照されたい。

（7）八王子市の近年の取り組みに関しては、関満博「ハイテク学園都市のインターンシップ」（『地域開発』第五二一号、二〇〇八年二月）を参照されたい。

（8）報告書として、一橋大学・多摩信用金庫『産学連携ＤＡＹ in 一橋大学〜課題解決討論会〜報告書』二〇〇七年五月、二〇〇八年三月、が刊行されている。

終章　地域貢献と信用金庫の行方

鈴木眞人

本書はここまで、地域貢献を熱心に推進している全国各地の九つの信用金庫のケースをみてきた。信用金庫は会員組織に支えられ、機関の性格として地域に密着した活動を求められているが、これらケースを踏まえ、改めて信用金庫の地域貢献について以下三つの論点から考えてみたい。

①　信用金庫の地域貢献活動の実際とその可能性
②　金融的な視点で考える信用金庫の地域貢献
③　信用金庫の地域におけるポジションと地域活性化に果たす役割

まず、①について、各事例の内容を整理し、その特色を明らかにしていく。次いで、②について、地域金融機関である信用金庫ならではの地域貢献活動を検討するために、地域経済という枠組みの中で、地域経済の発展と地域金融機関との関わりをまとめる。その上で、各事例を検証しながら、信用金庫の地域貢献の可能性を論ずることとしたい。

1　地域貢献活動の諸類型

本書で紹介した九つのケースについて、都市規模別と課題別の二通り方法で分類し、特性を整理する。

表終—1　信用金庫の地域貢献活動（９つの事例の分布）

分類	信金	都市名	産業振興／創業支援	人材育成			地域貢献
				取引先/企業	信金内	地域個人	
小都市	大地みらい信金	北海道根室市	起業化支援センター				
	花巻信金	岩手県花巻市		「夢・企業家塾」			
	日本海信金	島根県浜田市		「せがれ塾」	地域企業への出向		
	のと共栄信金	石川県七尾市		「のとしんビジネスクラブ」	のとしんカレッジ		子育て支援ボランティア活動
中都市	長野信金	長野県長野市	「長野しんきんビジネスクラブ」	「長野しんきん若手経営者経済研究会」			介護関連ニュービジネス支援資金
	おかやま信金	岡山県岡山市	ビジネスマッチング	関塾玉野			
	愛媛信金	愛媛県松山市	ビジネスマッチング	新人研修支援			
大都市	ひびき信金	福岡県北九州市		福岡ひびき経営大学 福岡ひびき経営者賞		夢追塾	地域行事ボランティア
	多摩信金	東京都立川市	たましんブルームセンター	多摩ブルー・グリーン賞 たましん法人総合サービス		多摩らいふ倶楽部	たましん地域文化財団

　都市規模別に、小都市（地方圏）、中都市（県庁所在地クラス）、大都市の三種類に分類し、その特性について検討する。都市規模別にそれぞれの地域課題が異っており、その対応状況が特色となって現れている。

　次いで、各事例でみられる主な地域貢献の取り組みついて、課題別に大きく三点に分類してみる。一点目は産業振興にかかわる地域貢献である。これは、取引先や企業向けの対応が中心であり、信用金庫の本業と関わりが深い。二点目は人材育成にかかわる地域貢献である。これは、その対象とする人材の違いに着目し、後継者など対企業関係者、自社内向け、地域の主に個人への対応の三つに細分化する。三点目は、金融とは必ずしも直結しない形の、ボランティアなども含む様々な地域貢献活動である。

都市規模による特徴

都市規模別の信用金庫の地域貢献活動の特色については、その地域の経済活動や人的資源の分布などから、活動状況に差が出てきている。

小都市（地方圏）においては、信用金庫はその地域の中心的な金融機関であり、その地域貢献の活動範囲も広範囲にわたっていて、いずれも地道な取り組みが重ねられている。

大地みらい信金の「起業家支援センター」は、信用金庫業界では初めてのインキュベーション機能を備えたセンターであり、創業だけでなく地域の企業の悩み事相談の受け皿ともなっている。花巻信用金庫の「夢・企業家塾」、日本海信用金庫の「せがれ塾」、のと共栄信用金庫の「のとしんビジネスクラブ」は、いずれも経済的な活性化が大きな課題になっている地域の若手後継者支援を行っているもので、それぞれ、持続的な活動が行われている。このような産業振興につながる創業支援や企業の後継者育成といった活動は、地域における新たな事業展開や取引先企業のランクアップといった形で徐々に成果をみせてきており、地方における信用金庫の重要な取り組みの一つとなっている。また、このような地域企業の人材育成に対応するように、彼らと相対する自社職員のレベルアップにも意欲的に取り組んでいて、地域の人的資源の蓄積につながっていくことも期待される。

その他、地方圏の喫緊の課題である少子高齢化に対応した子育て支援や高齢者対応の活動も行われており、その活動全体に地域を牽引する中心的な機関としての存在感が見て取れる。

中都市（県庁所在都市クラス）では、ビジネスマッチングや経営者支援の動きが目立つ。これらの都市圏では、ある程度の地場経済の規模があることから、優良顧客をめぐって地方銀行などと競合していることが背景にあるものと考えられる。

長野信用金庫は、県内上位の資金量を誇り、会員組織を主体として地域の活性化を視野に入れている。おかやま信用金庫は、製造業が盛んな地域にあって、地元中小製造業の新たな事業展開に取り組んでいる。愛媛県の約八割を事業エリアとする愛媛信用金庫は、そのネットワークを活かして地場産品のマーケティングに力を入れている。いずれも、地域資源や人材にそれなりの広がりが見られる地域において、地域と共に歩んできた歴史を土台に、交流や連携を通じた新しいビジネスチャンスの創造に力を入れている。そこには、将来の企業経営者、後継者に対する人材育成の動きも組み合わさっており、いくつかの成果も生まれてきている。

金融機関の集積する大都市の中にあっても、地域密着の中小企業金融を行っている信用金庫は独特の存在感を示している。しかし、それは、大都市圏に相応の資金需要が存在することによるものだけではなく、他の金融機関では出来ない一歩踏み込んだ取り組みを行っているからである。

大都市圏にあっても地域に根ざした中小企業は多数存在しており、それら企業を表彰するなど、より業務に近いところからの地域貢献活動が行われている。福岡ひびき信用金庫では、一九九四年から福岡ひびき経営者賞を設置しており、多摩信用金庫は、二〇〇一年から、時代の変化に対応し地域で成果をあげている企業を積極的に表彰する多摩ブルー・グリーン賞を設置している。これらの活動は、地域の企業を勇気づけると共に、賞を設置した信用金庫と受賞企業との信頼関係を結ぶきっかけともなっている。

もう一つの特徴ある取り組みとしては、都市部に大量に在住する子育てを終えた主婦層や、定年退職した元サラリーマン層を対象とした活動である。信用金庫の本業にとっては、直接の利害関係は薄いが、彼らを地域の人材として様々な地域活動に誘い、そこから新しい地域活性化の可能性に向かおうとしている。

課題別による整理

地域を巡る課題は実に多岐にわたる。まずは、地域の産業振興に関係する取り組み（人材育成を除く）が注目される。

地域金融機関である信用金庫にとって、地域経済が活性化し、資金需要が発生することは本業として望ましい。そのためには、地域の産業振興が必要であり、取引先にとどまらず、広く地域の企業を支援する動きがある。

既存の取引先に対しては、信用金庫のネットワークを活かし、ビジネス拡大を目指したビジネスマッチングを実現化する取り組みが幅広くみられた。また、さまざまな情報収集・発信を行うことにより、地場企業の事業転換を支援する動きなどもみられる。

また、創業支援も重要な活動の一つであろう。信用金庫の取引先は、事業が成功して企業規模が大きくなると制度上、取り引きは出来なくなる。その点から考えても、新たな取引先の創出は、地域経済のみならず信用金庫にとっても極めて重要であろう。しかし、新規創業はそれほどたやすいものではなく、地域の関係者との連携なども含め地道な活動が重ねられている。

次いで、人材育成に関連する地域貢献が指摘される。ここでは、地域人材の育成活動は、三つに分類してみる。

一つ目は、取引先を対象とする企業向けの人材育成活動である。信金の取引先は中小企業であり、人的な余裕が必ずしもあるわけではない。特に後継者問題により廃業するケースも少なくない。こうした点に着目し、若手経営者あるいは、創業者の二代目、三代目の若手に絞った人材育成の取り組みが見られる。

今回見てきたこのような取り組みには、親睦会、懇親会的な意味合いを排し、真摯に学習や研究に取り組むカリキュラムをとっているという特色がある。ビジネスプランの作成、資金繰りの検討、営業・広報活動の企画立案など実践的カリキュラムを提供し、経営者に必要とされるスキルアップを目指しているケースが多く見られ、外部からの専門家を招聘するケースも少なくない。そして、ここで鍛えられた経営者が少しずつ地域に羽ばたき始めているケースも出てきている。このような活動は、地域金融機関ならではのものであり、このようなまじめな勉強の機会に多数の若者が参加するには、普段からの信用金庫と地域との関係構築が基本に存在する。

二つ目は、信用金庫内部の人材育成である。創業者支援を行うにしても、また、二代目の後継者を育成するにしても、信用金庫の内部にその目利きする力がなければ、結局、新規取引先の獲得や既往取引先の強化にはつながらない。経営者のレベルアップに応じた信用金庫職員の力量が求められる。そのため、組織的に、あるいは自発的に自身の能力アップに取り組むことになる。このこと自体は直接的な地域貢献活動ではないが、職員のレベルアップ、モラルアップは、色々な意味で地域に還元されることになるであろう。

三つ目は、本業とはそれほど関係の無い、地域の個人などに対する活動である。地域金融機関として、地域課題への取り組みの一環として始まったものであるが、女性や高齢者など、地域で活かされずに眠っていた人的資源を掘り起こすことにつながっており、今後、新しいビジネスチャンスになることも十分考えられる。また、自治体等との連携も進展することになり、地域貢献の幅を拡げるキッカケにもなっている。

最後に、地域に存在する様々な課題に対する支援活動があげられる。ボランタリーなものも含めて、金融とは直結しない部分で、地域の一員としての活動があげられる。たましん地域文化財団のように、歴史もあり組織的な活動を行っているケースから、のと共栄信用金庫のボランティア活動まで、全国のほとんどの信用金庫で何らかの地域貢献活動が行われているものと思われる。

2　地域経済の自立と信用金庫

圏域におけるマネーフロー

信用金庫は地域金融機関として、地域の資金循環に貢献することを本業としている。

図終—1　圏域におけるマネーフロー

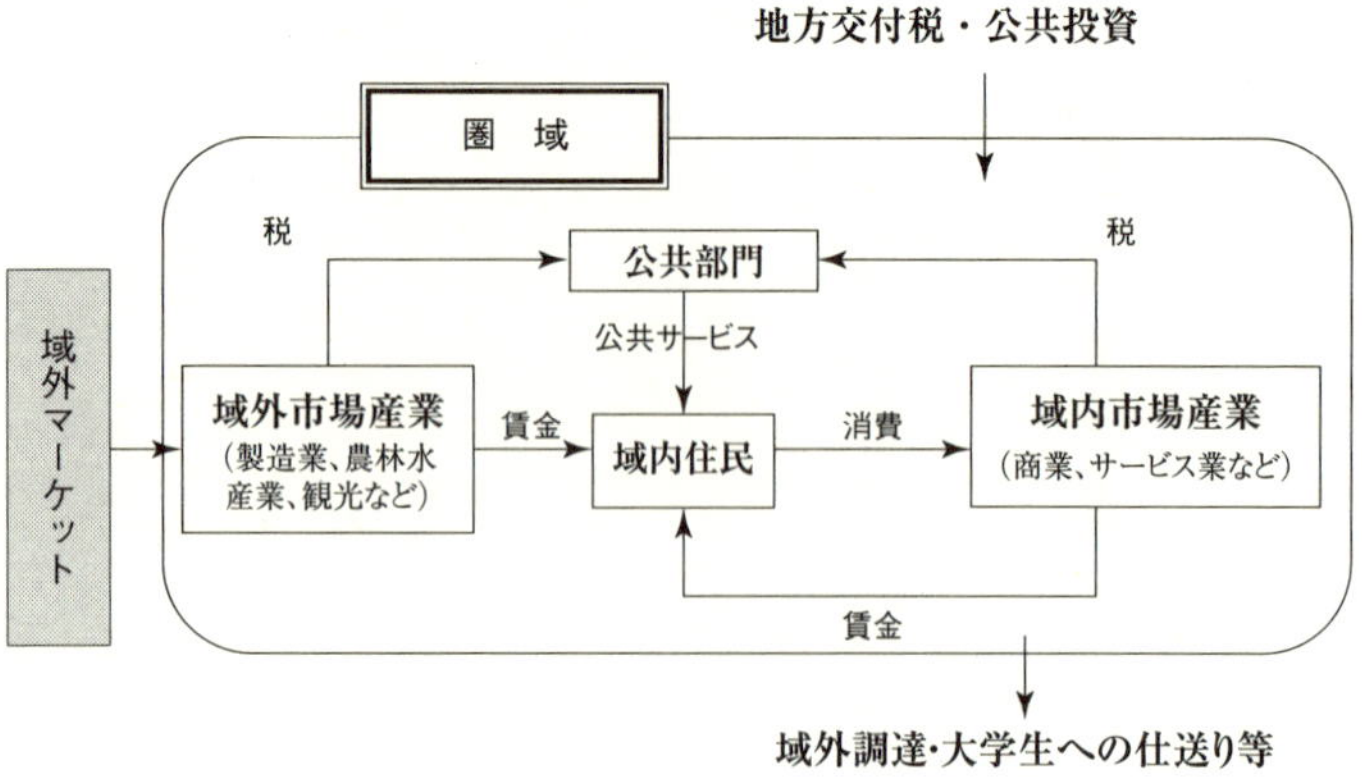

資料：島根県『地域経済構造分析調査』2006 年 3 月

まず、このような地域における信用金庫の位置づけを確認するために、地域のマネーフローについて整理してみる。まず、地域＝ある圏域の中の産業は、域外から外貨を獲得してくる域外市場産業と、圏域内の消費に基づく域内市場産業とに分けられ、これらの産業活動により、域内住民は賃金を獲得し、彼らの消費活動が引き起こされる。また、産業活動に伴う税収が公共部門に入り、地域住民に対する公共サービスが提供される。

また、圏域内外の資金移動についてみてみると、わが国の地方財政の地方税収による充足率は六割に留まっていることから、国からの公共投資や地方交付税による補填が必須となっている。内部調達できない製品等は、域外から調達する必要があり、域外市場産業が未発達な地域では、これらの資金は流出超過を引き起こしており、域際収支は赤字になる。その他の地方圏の資金流出としては、大学生等への仕送りも大きな額となっており、例えば、島根県では仕送りだけで年間二二六億円と推計されている[1]。

このような図式から、地域経済の活性化のためには、域外市場産業の育成が重要であり、そして、産業振興や誘致企業の中身によっては、地域経済への貢献度に差が出てくることも理解しておく必要があろう。すなわち、各地域は競って企業誘致を行ってきたが、雇用を発生させ、なおかつその付加価値を高めて高い賃金を払ってくれる企業を誘致する努力が求められる。例えば、わが国の国際競争力のある製造業の一部は、その製造拠点でほとんど人を雇用しない。人を雇わない工場が新規立地しても、地域内のマネーフローを生まない可能性があるだろう。

他方、地域資源を生かし、観光やサービス業の振興に力を入れる地域も少なくない。これらの労働集約型の産業では、単価のアップが必要であることがこの図から分かる。集客を狙って価格のダンピングに精を出している地域があるが、労働集約型産業で単価を下げると、それは賃金の低下か労働強化に跳ね返ってくる可能性が高い。もちろん、価格戦略の効果は認められるものの、使い方を誤ると地域は豊かにならない。

結局のところ、新規の企業立地、あるいは、既存産業の活性化により圏域内の産業が振興され、マネーフローが潤沢になることが、地域金融機関である信用金庫の存続にとっても重要なことになる。したがって、それぞれの地域がどのような産業を振興すべきかどうかを十分検討すべきであり、そのような地域の戦略立案にも信用金庫は関わっていくことが求められる。このようにみてくると、信用金庫のベースとなる個別企業に対する金融業務に加え、地域経済の活性化を視野に入れ、業種や産業といった一段高い目線で取り組む事も必要と考えられる。地方の自立が求められ、地域内資金の有効活用が必要となってくると、このようなマネーフローを理解する信金のポジションは重要さを増してくることは間違いない。

地域経済の発展に必要なもの

地域経済が活性化し、発展していくことを経済成長として捉えると、その要因は、資本ストックの増大、労働力の増加、技術進歩の三つに分解できる。(2)

しかし、地域的なマネーフローの把握などの点において統計的な制約もあり、地域の経済成長についてマクロ的な検討を行うことは必ずしも容易ではないが、地域金融機関である信用金庫の地域経済活性化に果たす役割を検討する上で、これら三点について、おおよその動向をみておきたい。

まず、地域における資本ストックの動向である。製造業などの域外市場産業が発達・集積している地域においては、民間投資が活発に行われているが、多くの地方圏の地域では、公共投資の存在意義が大きい。しかし、近年の地方圏においては、国による公共投資、地方交付税が大きく減額されている。国の当初予算における公共事業関係費は二〇〇一年度の九兆四三五二億円をピークに減少しており、二〇〇八年度予算は六兆七三五二億円である。また、地方交付税も減額されており、二〇〇二年度から二〇〇七年度の五年間で、一九八〇億円から一四三〇億円におおよそ三割減少している。さらに、近年では地方債の償還も進んでおり、地域に循環する公的資金はかなり削減されている。もちろん財政再建は必要であるものの、民間部門や事業の効率化等で補うことが出来ないほどの急激な政府投資の減少は、地域経済にマイナスの影響を及ぼす可能性が高い。投資の直接効果だけでなく、投資の結果整備されたインフラ等を地域経済の成長に結びつけていくことがより必要となってくる。

このような資本ストックについて、信用金庫の目線で見てみると、信用金庫の預金量は一一五兆円を数え、預貸率は五六％程度とされている[3]。この豊富な預金量を地域の資本形成に十分に役立てていく余地がまだあると考えられる。預貸率を上げるには、分子の貸出額の増額が望まれるが、不良債権を作ってしまっては意味が無い。地域内により優良な貸出先を増やさなくてはならない。しかも、信用金庫には優良な貸出先が順調に成長して企業規模が大きくなれば、取り引きできなくなるという制約もある。創業支援が重要になってくるのである。その意味で、今回取り上げた事例の多くで、既存取引先への対応だけでなく創業支援活動がかなり行われていることは興味深い。

次いで、労働力という面からみれば、わが国はすでに人口減少社会に突入しており、多くの地域では高齢化の進展もあいまって、労働力人口は減少傾向にある。それでも、地方圏は、農業などにおける高齢従事者の存在や、女性の労働力化率の高さなどで、労働力を補ってきている面もあるが、限界に近づいてきている地域も多く、労働力の投入の増加も見込みがたい。

結局、地域活性化を目指している多くの地域にとって、残すは技術進歩ということになる。技術進歩は、計算上は、経済成長率から資本と労働力の伸び率を差し引いた残余部分ということになるが、地域においては人的資本の活用にほかならない。大規模な製造業などは機械化により生産性を向上させてきたが、労働集約型産業を焦点として経済成長を目指す地域にあっては、一人ひとりが今まで以上に稼ぐ＝生産性を向上させるには、創意工夫が必要となる。その創意工夫は各人の普段の努力でしかない。また、その努力に加えて、付加価値を創造するものがあるとすれば、地域の特色ある地域資源に関わるものであろう。特に、歴史・伝統はその土地にのみ伝わるものであるし、気候風土に根ざしたものも、特色になりうる。ただし、本当に競争力のあるホンモノかどうかを見極める必要がある。

このように、地域経済を活性化するには、地域の人材を活用していくことがまず最初の課題となる。したがって、各事例にみたとおり、多くの信用金庫の行っている人材育成に関わる地域貢献は、地域経済の将来に大きな意味を帯びてくるものと考えられる。

地域金融機関としての信用金庫

ここまで、二つの視点から信用金庫の立場について考えてみた。これらは、マクロの視点である。大枠として、これらのことを踏まえつつ、実際には、その地域に合致したいわばミクロのあり方が信用金庫には求められる。もちろん、個別企業への対応が信用金庫の本業のベースとなるが、実は、そのような一件毎の取引先との対応にも地域とリンケージした考え方が求められてくるであろう。

地域経済の自立に少しでも近づくためには、個別の企業のレベルアップが必要であるが、地域というまとまりがあり、信用金庫がその地域に立脚しているのであれば、そのまとまりのある地域の特性を活用していくことも重要である。個別企業の活性化だけでなく、面としての地域産業の振興＝地域経済活性化を行うという考え方である。これを実行するのは、実業を行っている各企業よりも、地域全体を見渡せる信用金庫のような立場の機関がふさわしいと考えられる。

また、地域経営という考え方の中で信用金庫は、地域のマネーフローを考える能力を活かし、自治体と協力しながら、少し広範な地域の捉え方をしていくことが望まれるのではないだろうか。特に地方圏にあって、他に金融機関が少ない地域ではその役割は非常に重要である。

ここで、改めて、信用金庫の地域貢献活動について考えると、産業振興と人材育成は、非常に重要な取り組みとなる。例えば、地域経営という考え方の中で、その地域に根ざした産業振興を目指すときに、農業、観光などの振興についても、食料品製造業などの生産性向上についても、資金、人材などの裏づけを与えることが信用金庫の役割となってくる。もちろん、全てをこなすことは出来ないかもしれないが、地域の企業と同じ目線で将来を共有できる地域金融機関としての信用金庫の存在は、地域活性化にとって極めて重要と考えられる。

また、地域ニーズを十分に捉えていることは、ビジネスチャンスにもつながる。高齢者対応などは、大きな儲けにはならないかもしれないが、そこで資金を循環させることにより、事業としての自立の可能性が芽生えるかもしれない。その点、各信用金庫が行っている多くの地域貢献活動が、のちのち違った意味合いを帯びてくることも期待される。

地域金融機関である信用金庫はどのような形で地域の活性化に貢献することが出来るのだろうか。金融機関として考えた場合、まず求められるのは、地域に資金を供給することであろう。預貸率を上げることが求められる。しかし、信用金庫が貸出額を増加させることは容易ではない。小都市では、地域経済全体が低迷している中で新規投資を求めざるをえず、大都市にあっては、他金融機関との激しい競合が待っている。

ここで、求められるのがその企業やプロジェクトの将来性を判断する審査能力である。まさに、目利きとしての力量が問われることになる。そして、今回紹介した多くの信用金庫が取り組んでいる若手経営者向けの人材育成塾は、取引先の質を向上させるだけでなく、地域産業を豊かなものにしていくものとして期待される。

このような活動に、さらに地域経営の考え方を付加し、地域の特色や地域資源に対する考え方をメンバーで共有したり、特定の業種の育成や強化に取り組むことも加えることは、その地域の将来にとって、重要な要素となってくることは間違いない。

このようなリレバンのコストは結果として信用金庫の経営に跳ね返ってくる。企業の成長には、資金の投入が必要であり、企業の成長なくして地域経済の成長もなく、結果として信用金庫の経営も将来性が見えてこない。長期的な戦略と短期的な損益追求のバランスが必要なのであろう。

地域活性化のために、信用金庫に期待される点は極めて大きい。地域の将来にとっての責任ある立場として、信用金庫がさらに深く地域に踏み込んでいくことを期待したい。

(1) 島根県『地域経済構造分析調査』二〇〇六年。

(2) $Y=AF$ (K、N)

Y：産出量（GDP）、K：資本ストック、N：労働投入量、A：技術進歩

(3) 日本銀行『金融経済統計月報』二〇〇七年一二月。

【参考文献】

●島根県『地域経済構造分析調査』二〇〇六年

●安田原三・相川直之・笹原昭五編『いまなぜ信金信組か』日本経済評論社、二〇〇七年

執筆者紹介

関　満博（序章、第9章）

鈴木眞人（第4章、終章）

西村俊輔（第1章）
1980年　生まれ
2004年　一橋大学商学部卒業
現　在　日本政策投資銀行新事業・技術投資グループ副調査役

堀　圭介（第2章）
1976年　生まれ
2006年　一橋大学大学院商学研究科博士後期課程単位取得退学
現　在　富士大学経済学部専任講師

松永桂子（第3章）
1975年　生まれ
2005年　大阪市立大学大学院経済学研究科博士後期課程単位取得退学
現　在　島根県立大学総合政策学部准教授

大平修司（第5章）
1973年　生まれ
2007年　一橋大学大学院商学研究科博士後期課程修了
現　在　千葉商科大学商経学部専任講師　博士（商学）

遠山　浩（第6章）
1963年　生まれ
2004年　専修大学大学院経済学研究科修士課程修了
現　在　専修大学社会科学研究所特別研究員
ジービーアイ㈱取締役

平山恵三（第7章）
1937年　生まれ
1961年　中央大学法学部法律学科卒業
現　在　エル経済研究所自営

山藤竜太郎（第8章）
1976年　生まれ
2006年　一橋大学大学院商学研究科博士課程修了
現　在　日本学術振興会特別研究員（PD）　博士（商学）

編者紹介

関《せき》　満博《みつひろ》

1948年　生まれ
1976年　成城大学大学院経済学研究科博士課程修了
現　在　一橋大学大学院商学研究科教授　博士（経済学）
著　書　『中国の産学連携』（編著、新評論、2007年）
『メイド・イン・チャイナ』（編著、新評論、2007年）
『地域産業の「現場」を行く　第1集　地域の片隅から』（新評論、2008年）他

鈴木《すずき》眞人《まさと》

1961年　生まれ
2004年　専修大学大学院経済学研究科修士課程修了
現　在　財団法人日本経済研究所調査局調査第一部長
著　書　『インキュベータとSOHO』（共著、新評論、2005年）
『[増補版] ベトナム／市場経済化と日本企業』（共著、新評論、2006年）
『「B級グルメ」の地域ブランド戦略』（共著、新評論、2008年）他

信用金庫の地域貢献　（検印廃止）

2008年6月10日　初版第1刷発行

編　者　関　満博
　　　　鈴木眞人

発行者　武市一幸

発行所　株式会社　新評論

〒169-0051　東京都新宿区西早稲田3-16-28
http://www.shinhyoron.co.jp
電話　03（3202）7391
FAX　03（3202）5832
振替　00160-1-113487

落丁・乱丁本はお取り替えします
定価はカバーに表示してあります

装訂　山田英春
印刷　新栄堂
製本　桂川製本

ISBN 978-4-7948-0772-4
Printed in Japan